Aquarelle – Übersicht © Anna Link

Jadwiga und Georg zwischen Traum und Wirklichkeit – die Landshuter Hochzeiter von 1475

Eine historisch-biografische Erzählung
von Helena Schiller-Roes

Mit 16 Aquarellen von Anna Link

Bibliografische Information der Deutschen Nationalbibliothek

Die Deutsche Nationalbibliothek verzeichnet diese Publikation
in der Deutschen Nationalbibliografie; detaillierte Daten sind
im Internet über http://dnb.d-nb.de abrufbar.

Erscheint bei
Helena Schiller-Roes, Augsburg (Selbstverlag)

www.jadwiga-georg.de
www.facebook.com/jadwigageorg
kontakt@jadwiga-georg.de

Umschlagaquarell und Aquarelle im Innenteil: Anna Link, München
Umschlaggestaltung und Herstellung: Manfred Link, München
Satz und Reproduktion: Dr. Rainer Ostermann, München
Lektorat: Annika Hueppi, München
Druck und Bindung: BoD – Books on Demand, Norderstedt

ISBN 978-3-9818705-0-3 (Broschur)
eISBN 978-3-9818705-1-0 (E-Book-PDF)

Inhalt

Übersicht – Aquarelle 1

Vorwort 7

Jadwiga und Georg zwischen Traum und Wirklichkeit –
die Landshuter Hochzeiter von 1475 11

Epilog 81

Personenverzeichnis 85

Jadwigas Reiseroute 89

Worterklärungen 91

Quellenverzeichnis 95

Verzeichnis der Aquarelle 99

Annas Nachwort 101

Vorwort

Die historisch-biografische Erzählung „Jadwiga und Georg zwischen Traum und Wirklichkeit – die Landshuter Hochzeiter von 1475" beruht auf einer wahren Geschichte: der Vermählung des künftigen bayerischen Herzogs Georg mit der polnischen Königstochter Jadwiga. Mit einer Dauer von acht Tagen und einer beeindruckenden Gästeliste, auf der sogar Kaiser Friedrich III. zu finden war, ging das Fest als die größte Hochzeit des Mittelalters in die Geschichte ein. Die Pracht dieser Hochzeit sollte das wittelsbachische Teilherzogtum Bayern-Landshut in seiner Blütezeit zum Ausdruck bringen. Die „Vereinigung des christlichen Abendlands" sollte gebührend gefeiert werden, galt sie doch als Symbol für den Machterhalt des regierenden Landshuter Herzogs Ludwig der Reiche.

Die Erzählung beschreibt jedoch nicht nur das Hochzeitsfest, sondern vielmehr die geografisch-emotionale Annäherung von Braut und Bräutigam. Es ist überliefert, dass sich das Brautpaar am Tag seiner Hochzeit zum ersten Mal begegnete. Jadwiga musste dazu eine etwa zwei Monate dauernde, strapaziöse Reise von Krakau nach Bayern auf sich nehmen. Das vorliegende Buch knüpft an die historischen Tatsachen an und schildert die Gefühls- und Gedankenwelt Jadwigas und Georgs im Vorfeld ihres ersten Zusammentreffens.

Jadwigas Gefühle finden einerseits Ausdruck im kindlich-rebellischen Verhalten einer Sechzehnjährigen, die sich der vom Vater arrangierten Ehe zu widersetzen sucht, andererseits spiegelt sich in ihnen das Pflichtgefühl einer tugendhaften Königstochter.

Georg ist im Gegensatz zu Jadwiga voller Vorfreude auf seine Braut und widmet sich den aufwändigen Vorbereitungen seiner Hochzeit.

Die Erzählung schildert das Seelenleben des Brautpaars abwechselnd aus der Ich-Perspektive Jadwigas und Georgs, denn Braut und Bräutigam stehen zwischen „Traum und Wirklichkeit“, die Grenzen zwischen Tagträumerei und tatsächlich Erlebtem verschwimmen.

Ursprünglich als Jugendbuch konzipiert, stellte sich bald heraus, dass die Erzählung auch für Erwachsene interessant ist. Weibliche Leser werden die Gefühle Jadwigas nachempfinden können, männliche Leser werden das Leben Georgs als Bräutigam, künftiger Herzog und als Turnierkämpfer mit Neugier verfolgen. Vor allem aber möchte ich die Leser/-innen mit der historischen Welt des Mittelalters vertraut machen und ihnen die problematischen, aber auch spannenden Seiten des Lebens in dieser Zeit nahebringen.

Dass das Thema „Zwangsverheiratung“ aktuell ist, ist nicht nur der medialen Berichterstattung zu entnehmen. Täglich werden weltweit mehr als 40 000 Mädchen unter 18 Jahren gegen ihren Willen mit ihnen völlig fremden Männern verheiratet. Junge Menschen dahingehend zu sensibilisieren, ist mir ein großes Anliegen.

Der wahre geschichtliche Kern bleibt in der Erzählung erhalten. Zur Veranschaulichung des Geschehens habe ich fiktive Elemente ergänzt. So entspringt die Gefühls- und Gedankenwelt des Brautpaars meiner eigenen Fantasie. Zudem sind einige Personen, die Falkenjagd, die Räuberszene und die Übernachtung in einem verlassenen Haus im Wald frei erfunden. Auch habe ich einige historische Bezeichnungen in abgewandelter Form wiedergegeben sowie baugeschichtliche Hintergründe vereinfacht.

Ein Anhang erweitert das Buch um zusätzliche Details: Epilog, historische und erfundene Figuren, Jadwigas Reiseroute, Worterklärungen, Verzeichnis der Aquarelle sowie Anna Links Nachwort. Hinzu kommen die Angaben der am häufigsten verwendeten Quellen. Um der Erzählung größtmögliche Authentizität zu verleihen, habe ich mich auch von mittelalterlichen Originaltexten wie z. B. dem „Nibelungenlied" oder „Kudrun" inspirieren lassen, die mich als Mediävistin sehr faszinieren.

Inspiriert für das Niederschreiben dieser Erzählung hat mich auch meine Jugendzeit. Als Schülerin des „Landshuter Gymnasiums der Schulstiftung Seligenthal" haben meine Klassenkameraden und ich anlässlich eines bundesweiten Fremdsprachenwettbewerbs eine englischsprachige Zeitung zur „Landshuter Hochzeit" verfasst und damit den ersten Preis gewonnen. Aus diesem Grund wurden wir vom Verein „Die Förderer e. V." auf die Ehrentribüne der nächtlichen Ritterspiele geladen, was mich damals sehr beeindruckte.

Zudem bot meine eigene Hochzeit im Oktober 2016 Anlass, mich mit dem Thema „Heiraten" näher zu befassen. Ebenso wie Jadwiga fühlte ich mich auf einer Reise in eine noch unbekannte Zukunft. Parallel zu meinen eigenen Hochzeitsvorbereitungen entstand dieses Buch.

Zu guter Letzt möchte ich allen Leser/-innen einen Besuch in der Stadt Landshut ans Herz legen, denn diese Stadt hat nichts von ihrem mittelalterlichen Charme eingebüßt. Als eines der größten historischen Feste Europas lebt die „Landshuter Hochzeit" durch den Verein „Die Förderer e. V." mit tausenden Mitwirkenden und Gästen aus aller Welt alle vier Jahre wieder auf!

Dank

Ganz herzlich möchte ich mich bei meiner Tante Anna Link für die wunderschönen Aquarelle bedanken, die sie diesem Buch beigesteuert hat. Meinem Onkel Manfred Link danke ich ebenso herzlich für die Übernahme der Typografie, der technisch-organisatorischen Herstellung des Buches sowie seine wertvollen Hinweise. Annika Hueppi bin ich sehr dankbar für Ihre Bereitschaft, dieses Buch zu lektorieren. Ebenso danke ich Herrn Dr. Rainer Ostermann für Satz- und Korrekturarbeiten sowie die Bildbearbeitung.

Auch meinen Eltern möchte ich Dank aussprechen für die zahlreichen inhaltlichen Anregungen und so vieles andere Wertvolle im Leben, das sie mir mit auf den Weg gegeben haben, unter anderem die Freude an der Literatur. Zu guter Letzt gilt mein besonderer Dank meinem Ehemann Dion Roes, der mich während der gesamten Phase der Entstehung des Buches liebevoll unterstützt hat.

Jadwiga und Georg zwischen Traum und Wirklichkeit – die Landshuter Hochzeiter von 1475

Jadwiga

Die Reise ging weiter und wir kamen unserem Ziel Landshut immer näher. Links und rechts des Wagens sah ich bunte Laubwälder, die Umrisse der Bäume verschwammen vor meinen Augen. Das laute Krähen eines Vogels ließ mich schaudern und meine Unsicherheit wuchs. Während unserer zweimonatigen Reise in Richtung Bayern war es Spätherbst geworden. Die Luft war deutlich abgekühlt, Nebelschwaden zogen durch die Auen. Die Isar, der Fluss, an dem wir nun entlangfuhren, war von wilden Strudeln durchsetzt. Herabhängende Äste der Bäume am Ufer verdeckten zeitweise meine Sicht auf das grünliche Wasser. Das Rauschen des Flusses sprach wie eine ferne Stimme zu mir: „Kehre um, kehre um!" Doch dafür war es nun zu spät. Voller Wehmut dachte ich an meine Mutter und an meine Heimat, die mir unendlich fern erschienen. Warum hatte ich mich bloß auf diese Reise in eine neue Zukunft als Braut des Herzogs von Niederbayern eingelassen? Ich dachte an die Vergangenheit und daran, wie alles gekommen war.

An einem Abend vor zwei Jahren hatte mir mein Vater, König Kasimir IV. von Polen, eröffnet, dass er mich mit Herzog Georg von Bayern verheiraten wird. Damals war ich sechzehn Jahre alt.

„Vater, ich kann diesen Mann nicht heiraten!", rief ich verzweifelt. Flehend sah ich ihn an.

Mein Vater stützte das Kinn in seine Hand und atmete schwer. Sein Hermelinmantel reichte ihm bis zu den Fußknöcheln, ein mit roten Rubinen besetzter Gürtel bedeckte seinen beachtlichen Bauch. „So sehr du mich auch darum bittest, Jadwiga, meine Entscheidung steht fest!" Er wandte seinen Blick von mir ab.

Ich starrte ihn an und dachte, dass ich bald in Gefangenschaft leben würde – genau wie die Raubvögel auf der Burg meines Vaters. Eingesperrt – und noch dazu verheiratet mit einem Mann, von dem ich gerade einmal den Namen kannte. Ein Husten meines Vaters riss mich aus meinen düsteren Gedanken.

„Jadwiga, du weißt, dass ich keine andere Wahl habe. Ich muss dich mit Georg von Niederbayern verheiraten. Zwischen den Christen und den Osmanen im Fernen Osten herrscht Krieg. Diese eheliche Verbindung ist der einzige Weg für Polen und Niederbayern, sich im Kampf gegen das Osmanische Reich zu verbünden!" Er sprach mit fester Stimme und sah mich durchdringend an.

Ich merkte, dass alles Bitten vergeblich war. Meiner Mutter und mir hatte mein Vater oft von seiner Sorge erzählt, die Osmanen könnten mit ihren Reiterscharen in Polen einfallen, ähnlich wie die Hunnen in das Land der Burgunden. Die Macht der Osmanen war in den letzten Jahren beständig gewachsen und nun drohte sie, zu einer ernsthaften Gefahr für die Christen zu werden. Mein Vater war nicht nur König von Polen, sondern auch Großfürst von Litauen, sein Reich erstreckte sich bis zur Krim.

Plötzlich fiel es mir wie Schuppen von den Augen: Ich sollte zum Schutzwall im Kampf gegen die Osmanen werden! Tiefer Groll und brennende Wut stiegen in mir auf. Was wäre, wenn ich in Bayern todunglücklich sein würde? „Vater, das kannst du mir nicht antun!", brach es aus mir heraus. Tränen bahnten sich den Weg und ich rannte schluchzend in

Abb. 1: Zwischen Traum und Wirklichkeit © Anna Link

meine Kemenate. Ich fühlte mich mutterseelenallein. Ich betrachtete meine Pantoffeln, die aus feiner Seide waren und an deren goldenen Nähten Saphire funkelten. Mein Blick schweifte vom schmiedeeisernen Bett unter dem kunstvollen Baldachin über den großen goldenen Spiegel, in dem ich mich in meinen prunkvollen Kleidern schon so oft betrachtet hatte. Tiefe Trauer überkam mich. Ja, ich war die polnische Königstochter aus Krakau und hatte dadurch bisher viele Vorteile genossen. Doch nun sollte ich auch die Nachteile zu spüren bekommen. Ich seufzte schwer. Da fiel mir Aleksander ein. Seit zwei Wochen lebte er auf unserer Burg, um sich auf wichtige Turniere vorzubereiten. Er hatte sich als Falkner im ganzen Land einen Namen gemacht. Seine blauen Augen und die Grübchen auf seinen Wangen hatten es mir angetan. Er war der schönste Ritter, den ich mir vorstellen konnte. Sollte ich ihn etwa nie mehr wiedersehen? Allein bei dem Gedanken daran stockte mir der Atem. Zum Glück fand an diesem Nachmittag der Wettstreit der Falkner statt. Vielleicht war es möglich, mit ihm von der Burg meines Vaters zu fliehen? Wild entschlossen, mein Schicksal selbst in die Hand zu nehmen, verließ ich mein Zimmer in Richtung Burgfried.

Georg

Unter mir erstrahlte sie in all ihrer Schönheit, die Stadt Landshut. Obwohl Burghausen meine Heimatstadt war, war ich in Landshut schnell heimisch geworden und lenkte seit einiger Zeit als Mitregent meines Vaters die Geschicke dieser Stadt.

Schon als ich dreizehn Jahre alt war, hatte mich mein Vater in seine politischen Geschäfte eingewiesen. Früh begann ich, mir alles zu merken, was er mir über sein Reich erzählte. Gespannt lauschte ich damals seinen Ausführungen über den Kampf gegen den Ingolstädter Ludwig VII., den Gebarteten, der 1446 im Gefängnis von Burghausen gestorben war. Nach dem Niedergang des Ingolstädter Herzogtums gab es noch zwei Herzogtümer, Niederbayern-Landshut und Oberbayern-München, wobei unser Landshuter Herzogtum das größere und bedeutendere war. Zu dieser Zeit hatte mein Vater auch den französischen Thronschatz erworben, der von unermesslichem Wert war. Er war in der Burg zu Burghausen versteckt. Mehrfach hatte mir mein Vater diesen Schatz in den schillerndsten Farben beschrieben, doch ich selbst hatte ihn noch nie zu Gesicht bekommen. Ich hoffte, dass sich dies nach der Heirat mit Jadwiga endlich ändern würde.

Ja, das Reich meines Vaters war sehr groß. Es erstreckte sich von der Donau bis an den Inn. Durch Burghausen führte die Salzstraße, der Transportweg von Salzen aus Österreich nach Bayern. Vater besaß mehrere Bergwerke in Reichenhall, die das „weiße Gold“ abbauten. Von dort wurde es nach Norden gebracht. Auch Erze und Quarz ließ mein Vater im Bayerischen Wald zu Spiegelglas und Butzenscheiben verarbeiten.

Ich stand am Aussichtspunkt des Landshuter Hofgartens und blickte auf das geschäftige Treiben unter mir. Eine breite Straße schlängelte sich durch das Häusermeer. An deren nördlichem Ende stand die jüngst erbaute Heilig-Geist-Kirche. Ihr gegenüber befand sich das Heilig-Geist-

Spital, in dem Kranke und Arme versorgt wurden. Mitten durch die Stadt floss die Isar, die als Waschplatz, Mühlenantrieb und Transportweg für Handelsgüter diente. Täglich fuhren viele Kaufleute auf dem Fluss mit ihren Gewürzen, Südfrüchten und ihrer Seide vom Venezianischen Markt in Mittenwald über München und Landshut bis an die Donau, auf der sie schließlich die Handelsstädte Wien und Budapest erreichten.

Das laute Rufen der Handwerker aus der Stadt drang zu mir empor, auch das Geschrei der Marktfrauen konnte ich hören. Ich sah die Giebelhäuser in ihren schönen Farben: von Zitronengelb über Mintgrün, Himmelblau und Weinrot. Auch auf das Rathaus, das aus drei Patrizierhäusern bestand, fiel mein Blick. Am südlichen Ende der Stadt ragte der Turm der Martinskirche in die Höhe. Er war zwar noch nicht fertiggestellt, doch seine Eleganz ließ sich schon jetzt erahnen. An der Stadtgrenze erkannte ich das gelb getünchte Kloster Seligenthal, die Grablege meiner Vorfahren.

Ich atmete den würzigen Duft der Birken ein. Obwohl der Frühling gerade erst begonnen hatte, standen die Bäume bereits in voller Blüte. Mit 20 Jahren Mitregent dieser prächtigen und reichen Stadt zu sein, erfüllte mich mit Stolz. Und nun sollte die polnische Königstocher meine Frau werden! Sie soll sehr hübsch sein, hatten mir meine Boten berichtet. Von blonden Locken und einer lieblichen Gestalt war die Rede. Am liebsten hätte ich sie selbst sofort gesehen!

Abb. 2: Blick von der Burg auf St. Martin © Anna Link

Jadwiga

Der smaragdgrüne Stoff meines Kleides raschelte mit jedem Schritt. Normalerweise wäre ich stolz gewesen, dieses Kleid, den Traum einer jeden „juncfrouwe", zu tragen. Doch diesmal war es anders. Lustlos saß ich an der Frühstückstafel. Gedankenverloren kaute ich auf meinem Honiglaib und trank meinen Met. Die einzige Freude des heutigen Tages war die Vorfreude auf Aleksander, den ich heute Nachmittag auf dem Turnierplatz sehen würde.

„Und jetzt auf in den Unterricht, Jadwiga, damit du Georg an deinem Hochzeitsabend etwas auf der Zither vorspielen kannst!", rief mir meine Mutter nach, als ich die Burg langsam und bedrückt in Richtung Spielwiese verließ.

Mein Zitherlehrer Siegmund, ein weißhaariger, zahnloser Herr, war bester Laune. Er verstand es, dem Instrument traumhafte Melodien zu entlocken. Stundenlang konnte ich seinem Spiel lauschen. Ich schloss die Augen und stellte mir vor, wie Aleksanders zarte Finger die Saiten zum Klingen brachten und er mich mit seinen blauen Augen ansah.

Siegmund riss mich aus meinen Tagträumen. „Komm, Jadwiga, spiel das Lied von Walther!", rief er aufmunternd.

Ich konnte natürlich längst nicht so gut Zither spielen wie mein Lehrer. Doch heute wollte mir das Stück so gar nicht gelingen. Frustriert zupfte ich die Saiten, sodass sich Siegmund entsetzt die Ohren zuhielt.

„Was ist los mit dir?", fragte er verwundert.

„Ich muss noch etwas erledigen!", rief ich, sprang auf und ging schnellen Schrittes in Richtung Burgfried. Ich hatte beschlossen, sofort nach Aleksander Ausschau zu halten.

Auf der Zugbrücke angekommen, genoss ich den Blick auf die Burg meines Vaters. Die Burgtürme mit ihren Ziegeldächern reckten sich wie Bäume in die Höhe, fast so, als wollte ein Turm den anderen überragen. Das Hauptgebäude, das aus Granit gebaut war, wirkte ruhig und mächtig. Auf dieser Burg war ich zur Welt gekommen, dort hatte ich meine Kindheit verbracht.

Ich blickte ins Landesinnere – doch von Aleksander weit und breit keine Spur! Mit klopfendem Herzen dachte ich an den heutigen Wettstreit der Falkner. Es war ein sommerlicher Tag. Ich setzte mich auf einen großen Stein vor einer Linde und spürte die raue Rinde des Baumes an meinem Rücken. Ich schwitzte an den Handflächen, eine innere Unruhe erfasste mich. Ich blickte in die Ferne. Wo waren die tapferen Falkner? Und wo war er, der Mann, von dem ich träumte, seit er an mir vorbeigeritten war?

Vor zehn Tagen hatte mein Vater diesen edlen Kämpfer aus der Lausitz auf unsere Burg geholt. Vater ließ nichts unversucht, um seinem Ruf als Veranstalter der größten Falknerwettkämpfe Polens weit über die Landesgrenzen hinaus gerecht zu werden. Aleksander war der Favorit meines Vaters. Mit seiner Gunst sollte er den Wettstreit um den Titel des besten Falkners gewinnen. Das hatte ich gehört, als ich ein Gespräch meines Vaters mit seinem engsten Berater belauscht hatte. Niemand auf der Burg kannte Aleksander bisher näher, denn er wohnte im Gästetrakt.

Auf dem Turnierplatz hatten sich bereits Zuschauer versammelt, Kinder liefen fröhlich umher. Aber nirgendwo war ein Falkner zu sehen. Ungeduldig trat ich von einem Fuß auf den anderen. Wie sehr sehnte ich mich nach Aleksander!

Gerade heute, an diesem unglückseligen Tag, musste ich ihn sehen! Wenn doch nur dieser Georg nicht wäre! Wie kam er überhaupt dazu, mich ehelichen zu wollen, ohne mich gesehen zu haben? Da fielen mir die Boten ein, die vor wenigen Wochen auf unserer Burg erschienen waren. Vater hatte sie über das Burggelände geführt. Prüfend hatten sie mich angesehen und ich hatte mich dabei unwohl gefühlt.

Lautes Trompeten ließ mich zusammenzucken. Mein Herz klopfte. Endlich würde ich Aleksander sehen! Mit zittrigen Fingern strich ich mein Kleid glatt. Ich sah eine Staubwolke am Horizont. Dann galoppierten Pferde auf mich zu.

Mein Herz machte einen Sprung, als ich Aleksander erkannte. Auf seinem Lederhandschuh saß ein Habicht mit scharf gebogenem Schnabel, großen Krallen und schwarz-weißem Gefieder und einer blauen Kappe. Als ich Aleksander ansah, trafen sich unsere Blicke. Mit einem Augenzwinkern gab er mir zu verstehen, dass er meine Anwesenheit bemerkt hatte. Seine Augen waren so blau wie Saphire. Als er mir zunickte, war ich vor Glück berauscht und ich spürte, wie die Hitze in meine Wangen stieg.

Dann forderte Aleksander die anderen Teilnehmer dazu auf, mit dem Wettkampf zu beginnen. Die Pferde der Falkner trabten in die Mitte des Turnierplatzes, wo sie nebeneinander zum Stehen kamen.

Freudig sah ich in Richtung meines Liebsten. Hochkonzentriert saß er auf seinem Pferd, sein Plattenharnisch funkelte in der Sonne. Ein lautes Horn ertönte und Kaninchenkäfige wurden geöffnet. Die kleinen braunen Tiere mit ihren kurzen Ohren und ihrem samtenen Fell schossen daraus hervor.

Abb. 3: Aleksanders Habicht © Anna Link

„Oh nein, die Kaninchen sollen am Leben bleiben!“, dachte ich, als sich ein Habicht in die Lüfte schwang. Er flog und flog – bis er nur noch als schwarzer Fleck am Himmel zu sehen war.

„Aleksander, du schaffst es!“, rief ich laut. Vor Schreck hielt ich mir die Hand vor den Mund. Wie konnte ich, die Königstochter, es wagen, so etwas laut auszusprechen? Doch ich war nicht die Einzige, die geschrien hatte. Um mich herum standen viele schöne junge Mädchen, die die stattlichen Ritter und ihre Raubvögel anfeuerten. Ihre Wangen glühten vor Begeisterung.

Ich versuchte, Aleksanders Habicht am Himmel zu entdecken. Plötzlich stürzte er in die Tiefe und auf ein Kaninchen zu. Er hackte mit seinem Schnabel auf das Tier ein, bis es schließlich still vor ihm liegen blieb. Dann schoss der Habicht erneut in die Höhe, um sich anschließend auf sein nächstes Opfer zu stürzen. Fast vergaß ich zu atmen, so gebannt verfolgte ich das Schauspiel.

Georg

Ich hörte Schritte hinter mir. Als ich mich umdrehte, sah ich meinen Vater schwer atmend auf mich zukommen. Er trug einen Gehrock aus rotem Samt mit goldenen Kordeln. Seit er an Gicht litt, fiel ihm das Gehen schwer.

„Georg, da bist du ja!“, rief er, als er mich auf dem Burgschanzl antraf. Seine Nasenflügel bebten. „Das wird eine unvergessliche Hochzeit! Der Kaiser wird vor Neid erblassen!“ Er riss seine Faust in die Höhe.

Abb. 4: Burg Trausnitz © Anna Link

„Aber Vater, warum soll ich ausgerechnet die Königstochter von Polen heiraten?“, fragte ich ihn.

„Mein Sohn, das liegt doch auf der Hand! Damit sichern wir unsere Macht in Bayern und behaupten uns gegen den Kaiser und die Münchner Herzöge!“, sagte mein Vater siegessicher. Seine Augen glänzten. Der Einfluss Kaiser Friedrichs III. und der Habsburger Herzöge in Bayern-München sollte durch die Hochzeit mit Jadwiga geschmälert werden. Wie oft hatte mein Vater abfällig über den Kaiser und „die Münchner“ gesprochen. Er wurde nicht müde, mir einzutrichtern, dass die Münchner vor Kurzem noch so unbedeutend waren wie die Tiroler Almbauern. Landshut sei schon eine europäische Metropole gewesen, da war München noch ein Dorf. Doch jetzt, wo München immer größer und bedeutender wurde, befürchtete er, es könne Landshut den Rang ablaufen. „Außerdem verbünden wir uns durch deine Heirat mit Polen gegen die Osmanen. Ihre Macht wird immer größer. Dem müssen wir endlich ein Ende setzen!“

Als ich meinen Vater ansah, meinte ich, Unsicherheit in seinem Blick zu erkennen. Doch mit fester Stimme fuhr er fort: „Das Hochzeitsfest muss vortrefflich geplant sein, wir haben nicht mehr viel Zeit. Die ersten Schneider mit kostbaren Stoffen sind bereits eingetroffen. Auch die Köche sind unterwegs, um das Festessen für die aufwändige Hochzeit festzulegen“, sagte er vergnügt. „Und nun komm, Georg, lass uns zur Burg gehen und das Fest besprechen.“

Entschlossen machte er sich auf den Weg in Richtung Burg, das Wahrzeichen unserer Stadt. Mit halbem Ohr lauschte ich seinen Ausführungen. Zu sehr war ich damit beschäftigt, mir auszumalen, wie es wohl sein würde, der Gemahl einer Königstochter zu sein.

Jadwiga

Aleksanders Vogel schnellte direkt auf seinen Herren zu. In seinen Klauen hielt er ein weiteres Kaninchen. Vor Freude sprang ich in die Höhe. Ich dankte Gott, dass er meinem Liebsten einen so erfolgreichen Tag beschert hatte. Aleksander war als Sieger aus dem Turnier hervorgegangen, sein Habicht hatte die meisten Kaninchen erlegt. Als Aleksander sein Preisgeld entgegennahm, sah er mich an. Ich hatte einen Kloß im Hals und senkte meinen Blick. Gleichzeitig ärgerte ich mich darüber, dass ich sein Lächeln nicht erwidert hatte.

Kaum war Aleksander vom Turnierplatz geritten, wollte ich ihn wiedersehen. Vergeblich suchte ich auf dem Burgvorplatz nach ihm. Schweren Herzens beschloss ich, mein Vorhaben auf den nächsten Tag zu verschieben. Niedergeschlagen schlich ich in den Pferdestall. Das tat ich oft, wenn ich traurig war. Als mir der Pferdeduft in die Nase stieg, ging es mir augenblicklich besser.

Schon als kleines Mädchen hatte ich diesen Geruch geliebt. Wie oft hatte ich meinen Vater darum gebeten, Reiten lernen zu dürfen. „Für ein Mädchen gehört sich das nicht! Das Reiten ist Rittern vorbehalten, die bei Turnieren ihr Können zeigen oder in den Krieg ziehen“, hatte er mir wieder und wieder gesagt und dabei verneinend den Kopf geschüttelt.

Ein lautes Schnauben riss mich aus meinen Gedanken. „Brav bist du!“, sagte ich zärtlich und tätschelte einem Rappen den Hals.

Das Pferd sah mich mit seinen großen dunklen Augen an. Schweißnass glänzte sein Rücken. Es war wohl gerade erst vom Turnier zurückgekehrt. „Wem gehörst Du denn?“, fragte ich es leise. Ich strich ihm über die Nüstern und seine feinen Härchen kitzelten mich an den Handflächen.

„Der gehört meinem Waffenmeister“, hörte ich eine Stimme hinter mir. Erschrocken drehte ich mich um. Aleksander! Mein Herz begann heftig zu pochen

„Habe ich dich erschreckt?“, fragte er und lächelte.

„N-n-nein“, stotterte ich verwirrt und ärgerte mich zugleich über meine Schüchternheit.

„Hat dir das Turnier gefallen?“ Aleksander legte eine silberne Trense über das Stalltor. Verstohlen betrachtete ich ein kleines Muttermal, das seinen Hals zierte. Aleksander hatte seine Rüstung abgelegt und trug nun ein pelzbesetztes Wams. Ich zwang mich, seinen Körper nicht allzu sehr anzustarren.

„Sehr gut sogar“, antwortete ich leise und strich mir verlegen eine Haarsträhne aus dem Gesicht. Ob ich wohl hübsch genug aussah?

„Wenn du möchtest, können wir später spazieren gehen“, schlug Aleksander vor. „Habe ich etwas Falsches gesagt?“, fragte er, als er meine Verwirrung bemerkte.

„Nein“, wehrte ich ab und spürte, wie mir die Schamesröte ins Gesicht stieg. Er will mit mir spazieren gehen? Sicher weiß er, dass es sich für eine Königstochter nicht gehört, mit Rittern spazieren zu gehen. Es war nicht auszudenken, was passieren würde, wenn mein Vater oder mein Bruder Ladislaus uns sehen würden. Allerdings wäre es eine gute Gelegenheit, mit Aleksander zu fliehen.

„Ja, lass uns ein wenig spazieren gehen", hörte ich mich sagen.

Aleksander lächelte. „Junge Dame, ich schlage vor, du zeigst mir deinen Lieblingsort."

Als wir uns aus dem Stall schlichen, sah ich mich unsicher um. „Was ist, wenn uns jemand entdeckt?", fragte ich Aleksander leise. Doch ehe ich mich's versah, nahm er mich an der Hand und führte mich über den Sattelplatz.

„Du hast Recht, wir müssen leise sein. Ich möchte nicht, dass mein Waffenmeister uns entdeckt. Er sieht es nämlich nicht besonders gerne, wenn ich mich mit einem Mädchen herumtreibe", sagte er lachend.

Offenbar verkannte er den Ernst der Lage. Ich bin nicht irgendein Mädchen, mit dem man sich herumtreibt, dachte ich gekränkt. Ich bin die Königstochter! Enttäuscht zog ich meine Hand zurück, doch meine Neugier trieb mich weiter. Wir gingen in Richtung des nahegelegenen Froschteichs. Gott sei Dank war es hinter dem Pferdestall menschenleer, die meisten Ritter und Stallknechte hatten sich schon zum Nachtmahl zurückgezogen.

Besorgt sah ich auf meine goldenen Sandalen, die für den Tanzsaal und nicht für Spaziergänge durch dichtes Gras gemacht waren. Wie sollte ich mit diesen Schuhen auf der Flucht laufen können? Schon jetzt waren meine Füße nass und kalt.

„Wie bist du eigentlich Ritter geworden?", fragte ich Aleksander zaghaft.

„Das bin ich seit ich vierzehn bin, seit meiner Schwertleite", antwortete er stolz. „Mein Vater war ein tapferer Krieger, er hat mich ausgebildet. Jeden Tag übte er mit mir Fechten und Reiten."

Ich nickte anerkennend. „Und deine Mutter?", fragte ich neugierig. „War sie stolz auf dich?"

Aleksanders Gesicht verdüsterte sich. „Meine Mutter ist gestorben, als ich zur Welt kam." Er hielt inne. „Ich habe sie nie kennengelernt."

„Oh, das tut mir sehr Leid. Das wusste ich nicht." Ich schluckte. Hoffentlich hatte ich Aleksander nicht zu tief getroffen.

In diesem Moment erreichten wir den Froschteich, der in der beginnenden Dämmerung wie ein Zaubersee vor uns lag. Das Schilfrohr bog sich im Wind, das Wasser kräuselte sich und die Frösche quakten um die Wette.

Aleksander war von einem Moment auf den anderen wie ausgewechselt und strahlte. „Sieh mal, ist das nicht ein toller Teich? Überall Seerosen und hunderte von Fröschen!"

Tatsächlich, auf dem Wasser erkannte ich Knospen auf den Blättern. Sobald es dunkel wurde, waren die Seerosenblüten geschlossen, während sie am Tag in voller Pracht erstrahlen. Mein Herzschlag beschleunigte sich. Warum hatte mich Aleksander an diesen Teich geführt? Was würde nun geschehen?

Er sah mir in die Augen. Dann deutete er auf einen Holzsteg. „Lass uns dort Platz nehmen und nach den Fröschen Ausschau halten." Er lächelte geheimnisvoll.

Ich setzte mich neben ihn auf den Steg und fühlte das kühle Holz durch mein Kleid. Was hatte Aleksander vor? Da streckte er seine Hand aus und strich mir behutsam eine Haarsträhne aus dem Gesicht. Mein Herz klopfte mir bis zum Hals. Was sollte ich jetzt nur machen? Aufstehen und davonlaufen?

Abb. 5: Auf dem Weg zum Froschteich © Anna Link

Ehe ich mich's versah, hatte Aleksander mein Gesicht in seine Hände genommen. Sein Mund näherte sich mir. Ich erstarrte.

„Ich ...", begann ich. Dann schüttelte ich energisch den Kopf. „Halt!", rief ich laut. „Was soll das?"

Erschrocken sah mich Aleksander an. Sofort nahm er die Hände von meinem Gesicht.

„Ich bin die Königstocher! Man versucht nicht einfach, mich zu küssen", sagte ich entschlossen. „Außerdem werde ich bald die Ehefrau des Herzogs von Niederbayern sein!"

Aleksander sah mich entsetzt an. Ich spürte einen stechenden Schmerz in meiner Brust.

„Warum hast du mir das nicht früher gesagt?" Er konnte seine Enttäuschung kaum verbergen.

„Weil … ich das auch erst seit heute weiß!" Ich versuchte, nicht die Beherrschung zu verlieren. Am liebsten wäre ich vor Scham in den See gesprungen. So etwas Peinliches hatte ich noch nie erlebt! Doch wie gerne hätte ich insgeheim seinen Kuss erwidert! Aber das war nicht möglich, ich war schließlich keine Schäferin, die man mal eben am Froschteich küssen durfte . Konnte ich nicht einfach mit Aleksander fliehen? Fort von Polen, fort von meinem Vater, fort von diesem Georg? Ich war hin- und hergerissen, zerrissen zwischen meiner Verantwortung als Königstochter und meinen Gefühlen für Aleksander. Außerdem hätte mich Gott für dieses Vergehen bestraft, da war ich mir sicher.

Noch bevor Aleksander etwas sagen konnte, stand ich auf, raffte mein Kleid und entfernte mich schnellen Schrittes vom Teich. Es fühlte sich an, als steckte ein Dolch in meinem Herzen. Wie es sich wohl angefühlt hätte, Aleksander zu küssen? „Das werde ich wohl nie erfahren“, hörte ich mich seufzen. „Und das alles, weil ich Prinzessin bin und es mir verboten ist, diese Erfahrung zu machen.“ Ich spürte, wie sich Verbitterung in mir breit machte. Gleichzeitig schämte ich mich dafür, alleine mit einem jungen Mann am Froschteich gewesen zu sein.

Nach einer unruhigen Nacht weckte mich meine Mutter am nächsten Morgen unsanft. „Jadwiga, Jadwiga!“, rief sie aufgeregt.

Warum musste sie mich immer in aller Herrgottsfrühe wecken? Ich hatte ein gespanntes Verhältnis zu meiner Mutter. Seit ich denken konnte, hatte sie etwas an mir auszusetzen. Doch diesmal ließ mich ihr erschrockener Tonfall aufhorchen.

„Etwas Schreckliches ist passiert! Dein Vater ist mitten in der Nacht nach Ungarn aufgebrochen. Der König hat ihm den Kampf angesagt, nachdem er von deiner Hochzeit mit Georg erfahren hat!“

Ich saß kerzengerade im Bett. Dass der Ungarnkönig um mich buhlte, wusste ich schon länger. Offenbar wollte er die Verlobung mit Georg nicht akzeptieren. Doch ein Zweikampf mit ihm konnte den Tod für meinen Vater bedeuten. Zwar war mein Vater ein sehr guter Krieger, doch auch die Kampfeskunst des Königs von Ungarn war keinesfalls zu unterschätzen. „Was machen wir jetzt, Mutter?“, rief ich ängstlich.

„Ich weiß es nicht, Jadwiga! Ich hoffe, dein Vater kehrt unversehrt nach Hause zurück.“ Sie stand am Fenster und sah gedankenverloren in die Ferne.

Obwohl ich mir um meinen Vater große Sorgen machte, keimte in mir die Hoffnung auf, dass die Hochzeit mit Georg nun nicht stattfinden würde. Doch wie sich noch zeigen würde, sollte ich mich täuschen.

Die niederbayerische Gesandtschaft traf wie erwartet am nächsten Tag auf unserer Burg ein und hielt um meine Hand an. Meiner Mutter war es unangenehm, dass mein Vater nicht zugegen war. Wir ahnten nicht, dass bis zu seiner Rückkehr noch drei Wochen vergehen sollten.

Kaum war er zurückgekehrt, rief er: „Jadwiga, deiner Hochzeit mit Herzog Georg aus Landshut steht nun nichts mehr im Wege!“

Mein Vater hatte den ungarischen König im Zweikampf besiegt.

„Du weißt, dass das gegen meinen Willen ist!“, schleuderte ich ihm wutentbrannt entgegen. Von da an sprach ich wochenlang kein Wort mehr mit meinem Vater. Ich weigerte mich zu essen. Doch es half alles nichts! Die Hochzeit mit Georg stand endgültig fest. Meine Hoffnung, sie abwenden zu können, war umsonst gewesen.

Georg

„Georg, wir haben ein Problem!“ Der Gesichtsausdruck meines Vaters verhieß nichts Gutes. „Der Papst muss der Hochzeit mit Jadwiga zustimmen.“ Mein Vater hatte die Stirn in Falten gelegt und ich konnte ihm ansehen, wie viel Mühe es ihn kostete, seinen Ärger zuverbergen.

„Warum muss uns der Papst die Erlaubnis geben, zu heiraten?“, fragte ich meinen Vater verwundert.

„Deine Großmutter ist eine Habsburgerin, genau wie Elisabeth von Habsburg, die Mutter deiner zukünftigen Braut. Stimmt der Papst deiner Heirat nicht zu, wäre deine Hochzeit eine unrechtmäßige Verbindung innerhalb eines Herrscherhauses! Ständig muss man den Papst um Erlaubnis bitten!“, rief er.

„Gut, dann sollten wir uns so schnell wie möglich an den Papst wenden“, entgegnete ich in heiterem Tonfall, obwohl mir ganz und gar nicht nach Fröhlichkeit zumute war. Gerade in letzter Zeit hatte mein Vater viel für mich getan. Vor zwei Wochen hatte er den Bischof von Regensburg, den Propst Doktor Mauerkirchner, sowie den Hofmeister Theseres von Fraunhofen an den polnischen Königshof gesandt, um dort um Jadwigas Hand anzuhalten. Doch Kasimir IV., König von Polen, war nicht anzutreffen gewesen. Er lieferte sich ein Duell mit dem König von Ungarn. Hoffentlich konnte der Ehevertrag bald besiegelt werden! Ich seufzte bei dem Gedanken an die vielen Vorbereitungen für das Hochzeitsfest, die in den nächsten Monaten anstanden. „Komm, lass uns zu den Wagenbauern gehen, Vater. Sie warten, um mit uns die Anfertigung der Kutschen für die Gäste zu besprechen.“

Die Miene meines Vaters hellte sich auf und wir machten uns gemeinsam auf den Weg.

Jadwiga

Ein Jahr später war es soweit: Die Reise nach Landshut begann. Zunächst ging es nach Wittenberg. Hier würden mich die Gefolgsleute des Herzogs in Empfang nehmen und mich von dort nach Niederbayern begleiten. Wenn ich an den Abschied von meinen Eltern und all den Menschen, die mir lieb und teuer waren, dachte, krampfte sich mir der Magen zusammen. Schon jetzt vermisste ich Aleksander. Der Gedanke, ihn nie mehr wiederzusehen, schmerzte mich sehr. Auf dem Hofe meines Vaters war er zu einem landesweit geachteten Turnierritter geworden. Für sein unhöfisches Verhalten an jenem Abend am Froschteich hatte ich ihn zwar zurechtgewiesen, doch meine Verliebtheit flammte bei jeder Begegnung mit ihm aufs Neue auf. Aleksander und ich hatten beim Maienfest und beim Großen Turnier des Königreichs Polen weitere Blicke gewechselt und ich wusste, er empfand ähnlich wie ich. Er sah mich neugierig und bewundernd, aber dennoch zurückhaltend und, ja, auch enttäuscht an. Wäre ich nicht verlobt gewesen, hätte er um mich gekämpft, dessen war ich mir sicher. Doch nun würde ich nach Landshut reisen, um dort als Herzogin von Niederbayern zu herrschen. Polen würde ich für immer den Rücken kehren. Tiefe Traurigkeit erfasste mich.

Während ich mit den Tränen kämpfte, redete mein Bruder Ladislaus, der seit vier Jahren König von Böhmen war, auf mich ein: „Jadwiga, zier dich nicht! Sei eine tugendreiche Prinzessin und sei maßvoll, wie es sich für die Tochter eines Königs gehört! Was soll denn der Hofstaat von dir denken?“ Sein Tonfall erinnerte mich stark an den meines Vaters.

Warum war er so streng mit mir? Unser Verhältnis war zwar nicht das beste, aber dass er mich so kurz vor meiner Abreise derart maßregelte, verdüsterte meine Stimmung nur noch mehr. Schon in meiner Kindheit hatten mein Bruder und ich uns oft gestritten. Ladislaus hatte immer wieder betont, dass ihm als Sohn alle Macht des Vaters übertragen werden würde. Oft genug hatte ich dagegen aufbegehrt. Doch immer wieder wurde mir eingetrichtert, ich sei die Tochter, die rechtschaffen und demütig zu sein und sich zu einer guten Heiratspartie zu entwickeln habe. Bildung genoss ich nur, um meinen künftigen Ehemann gut zu unterhalten und um mein Ansehen bei Hofe zu vergrößern. So erhielt ich Unterricht im Lesen und Schreiben, Weben und Sticken, Tanzen und Singen sowie im Zitherspiel.

Ladislaus begleitete mich hinaus in den Burghof, wo unsere Kutsche wartete. Der Wind blies an diesem Tag so stark, dass ihre weißen Samtvorhänge wie Segel aussahen. Acht edle Schimmel mit rotgoldenem Zaumzeug und weißen Federn auf dem Kopf waren angeschirrt und scharrten mit den Hufen. Fröstelnd zog ich meinen Pelzumhang fester und blickte umher. Unter einem Vordach entdeckte ich unzählige Brotlaibe, Würste und Speck, mehrere Bündel kostbarer Kleider aus Samt und Seide, Silberteller, Zobel- und Marderpelze, Kissenbezüge und Steppdecken, Federbetten und Reisig für die Nacht. Die meisten Brautgeschenke waren bei der Besiegelung des Ehevertrags an den Ort Radom überbracht worden. Doch auch auf diese Reise wurden wertvolle Tücher, Diamanten und Edelsteine als Heiratsgut mitgenommen. Ich staunte über die Fülle der Hochzeitsbeigaben.

Unser Gefolge bestand aus über hundert Leuten: stolze Ritter in kostbarer Rüstung, polnische Edeldamen in blauen, grünen und braunen Samtkleidern mit Pelzbesatz aus Zobel oder Hermelin, adelige Vertreter unseres Königshauses mitsamt ihren wertvollen Rössern sowie Köche, Pferdeburschen und Mägde.

Auch mein Pferdeknecht Piotr war mit von der Partie. Mit leuchtenden Augen stand er vor mir und rief fröhlich: „Jadwiga, Jadwiga, wir fahren endlich los! Freut Ihr Euch nicht?"

„Wieso sollte ich?", antwortete ich. „Ich werde gegen meinen Willen verheiratet. Der Tag meiner Hochzeit wird für mich ein Tag der Trauer sein!"

„Aber wir fahren doch nach Landshut, die berühmte Stadt an der Isar! Dort leben wunderschöne Jungfrauen und Mägde!" Er wusste, dass die adligen Jungfrauen für ihn unerreichbar waren, doch auf die Mägde war er schon sehr gespannt. „Ach, Jadwiga, nehmt es nicht zu schwer. Ihr werdet sehen, Niederbayern wird euch gefallen!" Pfeifend schwang er einen großen goldbraunen Sattel über den Rücken eines Pferdes.

Traurig blickte ich mich um. Im Unterschied zu mir schienen alle Menschen fröhlich und voller Vorfreude zu sein. Aus der Schlossküche kam meine Amme Joanna auf mich zu. Sie trug eine weiße Schürze und eine weiße Haube, die beim Gehen auf ihrem Kopf hin- und herwippte. Auch Joanna musste ich zurücklassen. Ich sei nun alt genug, um auf mich selbst aufzupassen, hatte meine Mutter gesagt. Joanna war in den letzten Jahren alt und müde geworden, tiefe Furchen durchzogen ihr Gesicht, doch ihre Augen leuchteten. Feierlich sah sie mich an und sagte: „Herrin, ich bin so stolz auf euch! Ihr werdet bald eine verheiratete Frau sein. Für den weiteren Lebensweg wünsche ich euch nur das Beste!" Sie tätschelte meine Wange.

„Danke, Joanna, dass du so gut für mich gesorgt hast!" Nur mit Mühe konnte ich meine Tränen zurückhalten.

Georg

Gedankenverloren stieg ich die Treppe zu meinen Gemächern hinab. Mir war schwindelig, denn ich hatte soeben mit dem Hofmeister über die Ausgaben für meine Hochzeit gesprochen.

„Mein Sohn, bleib bitte stehen, ich muss dir etwas Wichtiges mitteilen!" Mein Vater klang geschäftig.

Was wollte er nun schon wieder? Ging es etwa wieder um das Fest? Seit Wochen wurde über nichts anderes mehr geredet.

„Folgende Neuigkeiten sollst du hören! Sie erfüllen mich mit großem Stolz!", erklärte mein Vater mir eifrig. „Es kommen Ehrengäste aus der Pfalz, aus Sachsen, Württemberg, Niederbayern, den Reichsstädten und sogar aus Brandenburg! Besonders freut es mich, dass nicht nur Pfalzgraf Philipp aus Amberg mit seiner Gemahlin Margarethe und mein Schwager Graf Ulrich aus Württemberg anreisen, sondern auch der Kurfürst von Brandenburg, Markgraf Albrecht. Er lässt es sich nicht nehmen, die Hochzeitsansprache zu halten. Ist das nicht großartig?" Seine Augen leuchteten.

Krampfhaft bemühte ich mich zu lächeln. Ich freute mich über diese Nachricht, aber der ganzeAufwand, der wegen meiner Hochzeit betrieben wurde, ging mir allmählich auf die Nerven. Fast schien es, als würde mein Vater heiraten und nicht ich. Ich hätte gerne weniger pompös gefeiert, verstand aber auch, dass dieses Fest sehr wichtig war. Nicht zuletzt konnte ich damit meine Macht sichern.

„Das ist schön, Vater“, brachte ich mit gepresster Stimme hervor. „Die Hochzeit wird den Gästen sicherlich lange in Erinnerung bleiben.“

„Nicht nur das, mein Sohn. Die ganze Welt wird sich daran erinnern!“ Auf seinem Gesicht lag ein selbstzufriedener Ausdruck, der mir fast schon unheimlich war.

Jadwiga

Bei Anbruch der Nacht ritten wir los. Bevor ich in die Kutsche stieg, verabschiedete ich mich von meiner Mutter. Schluchzend presste ich den Kopf an ihre Brust. Ich wusste, ich würde sie nie mehr wiedersehen. Als ich aufblickte, merkte ich, dass sie ebenfalls weinte.

„Mein Kind, ich wünsche dir von Herzen alles Gute! Wie gerne wäre ich mit dir gereist. Aber du weißt, dass ich bei deinem Vater bleiben muss!“, sagte sie traurig.

„Ja, das weiß ich, Mutter. Auch ich wünsche dir alles Gute!“

Ein letztes Mal sah ich mich um und betrachtete die Burg meines Vaters: die stolzen Türme, die wehenden Fahnen, den großen Burggraben, die hohen Tore und den Wall, der das Anwesen vom Vorplatz trennte. Nur schwer konnte ich meinen Blick abwenden.

Abb. 6: Brücke in ein neues Leben © Anna Link

„Jadwiga, nun komm schon!“, sagte mein Vater ungeduldig. „Wir sind bereit zum Aufbruch, beeile dich!“

Erstaunt stellte ich fest, wie viele Menschen uns begleiten würden, es waren an die hundert. Widerwillig bestieg ich die Kutsche. Nun ging es also los. Ich atmete schwer und Verzweiflung machte sich in mir breit. Neben mir saß Herr Sinowitz, mein Hofmeister. Er war für meine Verpflegung und für meine Sicherheit zuständig.

Mein Vater würde uns bis nach Wittenberg begleiten. Von dort aus würde er nach Hause zurückkehren. Er wirkte nervös. Was ging ihm wohl durch den Kopf? Die Tränen rannen mir die Wangen hinab. Eine meiner Hofdamen versuchte mich zu trösten. Doch ich dachte nur daran, was ich alles zurücklassen musste. Schließlich schlief ich vor Erschöpfung ein.

Georg

Ich schaute mich um und staunte. In der ganzen Stadt herrschte hektisches Treiben. Marktfrauen verneigten sich vor mir. Metzger, Bäcker, Schneider und Schreiner grüßten mich ehrerbietig. An den Straßenrändern standen mit weiß-roten Bändern verzierte Buchsbäume. Um ein Haar wäre ich mit einem Fischhändler zusammengestoßen, der einen Korb Forellen schleppte. Viehbauern trieben Ochsen durch die Stadt, die auf der Hochzeit am Spieß gebraten werden sollten. 5000 Schlachttiere waren bestellt, um die 10 000 Gäste aus aller Welt zu bewirten. Näherinnen trugen wertvolle Stoffe aus rotem und grünem Samt an mir vorbei, die sie mit Goldbrokat und Ziersaum veredeln würden. Ich sah Gewürzhändler, die ihre Kostbarkeiten auf der Isar nach Landshut transportiert hatten. Neben Kardamom und Nelken, Muskat und Zimt hatte mein Vater fünf Zentner Mandeln aus Fernost bringen lassen. Alles in allem würde die Hochzeit etwa 70 000 Gulden kosten, was in etwa den Jahreseinnahmen meines Vaters entsprach.

„Georg, Georg, warte doch mal!", rief mein alter Freund Hans aufgeregt. In seinem dunkelbraunen Kittel der Zunft der Harnischmacher sah er recht stattlich aus. Seine Arbeitskleidung war von Rußflecken übersät. „Ich habe deine Rüstung fast fertiggestellt", sagte er stolz. „Ich habe das beste Eisen verwendet, das ich auftreiben konnte. Möchtest du auf deinem Helm Beschläge in Bronze oder in Gold?" Fragend sah er mich an.

„Ich brauche kein Gold, Bronze tut es auch", erwiderte ich ohne lange darüber nachzudenken.

„Wenn du meinst", sagte Hans zögerlich. „Und welche Verzierungen möchtest du auf deinem Harnisch?"

„Den brauchst du gar nicht erst fertigzustellen. Ich reite ohne!"

„Du möchtest am Bräutigamrennen ohne schützende Arm- und Beinpanzer teilnehmen?", fragte Hans ungläubig.

„Natürlich! Wie soll ich sonst meine Tapferkeit unter Beweis stellen?"

Für einen Moment war Hans sprachlos. Dann rief er entrüstet: „Das kann doch nicht dein Ernst sein! Überlege es dir noch einmal! Ich möchte nicht, dass dieses Turnier dein letztes ist!" Er machte auf dem Absatz kehrt und verschwand in Richtung Schmiede.

Ich lächelte in mich hinein. Natürlich würde ich ohne Harnisch reiten! Schließlich sollte Jadwiga keinen Feigling heiraten! Ich würde meinen Gegner auch ohne Eisenpanzer besiegen. Schließlich hatte ich in den letzten Wochen täglich mit meinem Fechtmeister Paul Kal den Buhurt geübt. Zufrieden sah ich den Mägden dabei zu, wie sie kostbare bronzene Trinkbecher an mir vorbeitrugen. Sie grüßten verschämt. Die Becher strahlten in der Sonne. Auf ihnen waren drei Helme, das Wappen Landshuts, zu sehen.

Jadwiga

Wir fuhren durch Polen. Durch die Fenster meiner Kutsche betrachtete ich die vorbeiziehende Landschaft. Ich fühlte mich so einsam wie noch nie. Wie sehr vermisste ich unsere Burg, meine Eltern und Aleksander! Beim Gedanken daran, bald die Grenze Polens zu queren und in Länder zu gelangen, die ich noch nie zuvor gesehen hatte, kamen mir erneut die Tränen. Eine meiner Hofdamen legte tröstend ihre Hand auf meine Schulter. Sie sah mich mitfühlend an und nickte mir aufmunternd zu. Wenn sie wüsste, wie schlecht es mir geht, dachte ich.

Georg

„Georg, du weißt, wie wichtig diese Hochzeit für den Fortbestand unseres Geschlechts ist! Dein Vater erwartet von dir, dass du ihm einen Erben schenkst!“ Meine Mutter Amalia

Abb. 7: Landschaft in Polen © Anna Link

erhob sich aus ihrem brokatbesetzten Sessel und trat ans Fenster. Sie blickte auf die Salzach, die tosend unterhalb der Burg dahinbrauste. Meine Mutter war ängstlich und zurückhaltend. Meist zog sie es daher vor, der großen Gesellschaft fernzubleiben. Ich hatte sie auf der Burg zu Burghausen aufgesucht, um sie um Rat zu bitten.

„Ja, Mutter“, seufzte ich. „Das weiß ich! Aber die Art und Weise, wie Vater die Hochzeit ausrichten möchte, entspricht nicht meinen Vorstellungen! Vater möchte die ganze Welt beeindrucken und scheut dafür weder Mühen noch Kosten! Er hat sogar darüber nachgedacht, unseren Thronschatz anzutasten!“

Müde winkte meine Mutter ab. „Daran wirst du nichts ändern können. Du weißt doch, dass dein Vater dem Kaiser und den Herzögen von München beweisen möchte, wie mächtig er ist! Und da er noch dazu den Zerfall des Abendlands fürchtet, ist ihm deine Hochzeit mit der polnischen Prinzessin äußerst wichtig! Jadwiga ...“, murmelte sie. „Du wirst sehen, alles wird sich zum Guten wenden! Und ich werde hoffentlich bald Großmutter!“, fügte sie hinzu. Ein Lächeln umspielte ihre Mundwinkel.

Ich nickte kurz, sah dann aus dem Fenster und hoffte, dass sie Recht behalten würde.

„Hüte dich auf dem Weg nach Wittenberg, mein Sohn!“, gab mir meine Mutter beim Abschied mit auf den Weg. „Die Pest hat dort schon so manchen das Leben gekostet.“

Auch mein Hofmeister hatte mich vor der Krankheit gewarnt. In Sachsen, wohin ich meiner Braut entgegenreiten sollte, wütete die Pest besonders. Mir war unheimlich zumute und ich beschloss, meinen Vater aufzusuchen.

Abb. 8: Lindenhain © Anna Link

Jadwiga

Die Fahrt in der Kutsche war unbequem. Mir dröhnte der Kopf und ich sehnte mich danach, auszusteigen und mich unter eine Linde zu legen. Doch die Reise schien kein Ende zu nehmen.

„Hööh, ruhig, steh!", erklang es vom Kutschbock und die Pferde kamen zum Stehen.

„Wo sind wir?", wollte ich von meinem Hofmeister wissen.

„Wir sind in den Wäldern Brandenburgs. Komm, ich helfe dir aus der Kutsche. Wir werden hier nächtigen, Jadwiga."

„Hier?", fragte ich entsetzt.

Sinowitz kratzte sich verlegen am Kopf. „Ja, wir mussten einen anderen Weg wählen als geplant, um die Pest zu meiden."

„Die Pest?" Ungläubig sah ich Sinowitz an.

„Tausende von Menschen hat sie schon das Leben gekostet. Wenn wir ihr nicht ausweichen, werden wir ihr auch zum Opfer fallen!", fügte er hinzu.

Vor uns stand ein verwahrlostes Haus. Es machte den Eindruck, als stünde es schon lange Zeit leer. Meine Hofdamen leuchteten mir den Weg und öffneten mir die knarzende Tür. Im Schein der Lampe erkannte ich einen Tisch, Stühle und ein schmales Bett. Dies also sollte mein Nachtlager sein. Die Gefolgschaft würde die Nacht in Zelten verbringen. Eine große schwarze Spinne krabbelte über den Boden des Hauses und verschwand zwischen den Dielen. Der Ruf einer Eule ließ mich schaudern. Zum Glück würden meine Diener Wache stehen. Ich schluckte schwer und beschloss, tapfer zu sein.

Georg

„Georg, auch ich bin der Meinung, du solltest nicht nach Wittenberg reiten, um dort deine Braut in Empfang zu nehmen! Ich möchte nicht, dass mein einziger Sohn an der Pest stirbt!“

Ich sah ein, dass mein Vater und meine Mutter Recht hatten. Auch wenn ich es kaum erwarten konnte, Jadwiga zu sehen: die Reise nach Sachsen war zu gefährlich. Außerdem hatte sich der Kaiser für die nächsten Tage angekündigt, um vor der Hochzeit mit mir zu sprechen. An meiner Stelle sollte Otto von Neumarkt nach Wittenberg reiten, um meine Braut und ihr Gefolge in Empfang zu nehmen.

Jadwiga

In der Nacht im vereinsamten Haus tat ich kaum ein Auge zu. Angestrengt lauschte ich den Geräuschen des Waldes. Der Gedanke an die Pest ließ mir keine Ruhe. Am Morgen hörte ich, wie ein Bote Sinowitz von den unzähligen Pestopfern in den nahegelegenen Städten berichtete. Leichen säumten die Straßen und man kam kaum damit nach, sie wegzutragen. Würde uns auf unserem Weg dasselbe Schicksal ereilen? Allein der Anblick der Toten, so hieß es, machte krank. War die Pest eine Strafe Gottes? Ich betete inständig zu Gott, dass er uns verschonte.

Nach drei Tagen holpriger Fahrt ohne Zwischenfälle erreichten wir Wittenberg. Dort sollte mein Bräutigam auf mich warten. Doch Georg war nicht angekommen.

„Man sagt, er fürchtet die Pest, die entlang des Weges wütet. Außerdem wurde er vom Kaiser aufgehalten", erfuhr ich von Sinowitz. „Also hat er Herzog Otto von Neumarkt nach Wittenberg geschickt."

Ich war enttäuscht. Mein Bräutigam traute sich nicht, mir entgegenzureiten? So wenig war ich ihm wert? Ich sollte ihm also zum ersten Mal begegnen, wenn die Hochzeitsglocken läuteten? Was war, wenn er entsetzlich hässlich war? Was war, wenn ich nichts als Ablehnung verspürte? Ich malte mir die schrecklichsten Szenen aus. Zugleich war ich froh, dass ich noch eine Weile allein sein und ungestört meinen Gedanken nachhängen konnte.

Schließlich erreichten wir den Stadtplatz von Wittenberg. An den Eingangsportalen der Patrizierhäuser standen Fackelträger. Ihre Lichter flackerten und warfen geheimnisvolle Schatten auf das Kopfsteinpflaster. Mir wurde unheimlich zumute. Ich dachte an die Räuberbanden, die in den vergangenen Wochen Reisende überfallen hatten.

Es war Mitternacht, als ich das Haus von Margaretha von Österreich erreichte. Da sie mit mir und auch mit Georg verwandt war, hatte sie sich dazu bereit erklärt, mich zu beherbergen und mich nach Landshut zu begleiten. Margaretha empfing mich mit einem freundlichen Lächeln. Sie trug eine weiße Haube. So konnte jeder erkennen, dass sie verheiratet war. Bei dem Gedanken daran, bald selbst so eine Haube tragen zu müssen, wurde mir mulmig.

„Jadwiga, du wirst sehen, mein Enkel wird ein sehr guter Ehemann sein", versuchte sie, mir die Angst zu nehmen. „Du bist sicher hungrig von der langen Reise! Es gibt noch etwas Hühnchen und Lamm und frischen Met."

Abb. 9: Herberge im Wald © Anna Link

Allein beim Gedanken an Essen und Trinken wurde mir übel. „Vielen Dank, Margaretha, ich möchte mich lieber ein wenig ausruhen."

„Das ist in Ordnung, Jadwiga. Schlaf ruhig ein wenig!", erwiderte sie mit sorgenvollem Blick.

Allein in der Kemenate dachte ich voller Sehnsucht an mein Zuhause. Tränen rannen über mein Gesicht und ich warf mich schluchzend auf das Bett.

Da klopfte es. „Herein!", sagte ich schwach.

„Jadwiga?", fragte eine Mädchenstimme.

„Ja?" Erwartungsvoll blickte ich in Richtung Tür.

Ein Mädchen betrat mein Zimmer. Ihr Gesicht war von Sommersprossen übersät.

„Ich bin Christine, Margarethas Enkelin und die Tochter des Kurfürsten Ernst von Sachsen!", rief das Mädchen fröhlich. Noch ehe ich etwas erwidern konnte, sagte sie: „Wie siehst du denn aus?"

„Wieso?", fragte ich verwirrt.

„Du bist ja kreidebleich! Anstatt traurig auf dem Bett zu sitzen, solltest du dich freuen! Morgen fahren wir zum großen Fest nach Landshut!" Ihre Augen leuchteten.

„Ich wecke dich um sechs Uhr!", rief sie, lächelte, drehte sich zur Tür und verschwand.

Erschöpft und traurig schlief ich schließlich ein.

„Jadwiga, aufstehen! Es gibt Frühstück!", drang Christines Stimme an mein Ohr.

„Ich komme schon!" Schwerfällig erhob ich mich aus dem Bett und schlurfte zur Küche hinab, wo mich Margaretha und Christine mit gebratenen Eiern, Hirsepfannkuchen und heißem Met empfingen. Erst jetzt bemerkte ich, wie hungrig ich war. Mit großem Appetit stürzte ich mich auf das Essen.

Georg

„Alle Bürger Landshuts sollen während der Festwoche so viel essen und trinken wie sie möchten, ohne dafür zu bezahlen!“ Energisch strich ich mir eine Locke aus der Stirn.

Mein Vater betrachtete mich skeptisch. „Was haben wir davon, mein Sohn? In dieser Stadt leben 10 000 Menschen und ebenso viele Hochzeitsgäste werden erwartet! Die Bürger werden sich an diesen Luxus gewöhnen und ihn auch nach der Hochzeit genießen wollen. Wir können unser Volk nicht dauerhaft durchfüttern!“ Er schüttelte den Kopf.

„Doch nicht dauerhaft! Die Bürger feiern mit uns Hochzeit! Ich habe schon mit den Festwirten gesprochen. Sie haben so viele Lebensmittel vorrätig, es ist genug für alle da. Wir bezahlen die Wirte und nicht die Gäste! Wir richten die herzogliche Küche in der Steckengasse ein und neben dem Weinstadel stellen wir einen Bottich mit rotem und weißem Wein auf“, sagte ich begeistert. Mein Vater wirkte nicht überzeugt. Da setzte ich zu einem letzten Versuch an: „Damit zeigst du dem Kaiser, wie wohlhabend wir sind. Wir können es uns leisten, unseren Bürgern Brot und Wein auszugeben!“

„Das klingt vernünftig! Der Kaiser soll sehen, dass bei uns der Wein in Strömen fließt. Jeder Bürger soll von uns zwei Mal am Tag einen Krug Wein und ein Hoflaibl Brot erhalten!“ Zufrieden rieb sich mein Vater die Hände.

Jadwiga

Kaum war das gemeinsame Frühstück mit Margaretha und Christine beendet, wurden wir an Herzog Otto von Neumarkt übergeben. Er sollte uns und mein Geleit nach Niederbayern führen. Ein Großteil meines Gefolges kehrte von Wittenberg aus in die Heimat zurück. Die übrige polnische Delegation, bestehend aus fünfzig Rittern mitsamt ihren Pferden, die uns weiter nach Landshut begleitete, wurde von Albert Monawitt angeführt.

Schaukelnd ging es vorbei an saftigen Wiesen, Obstbäumen und blühenden Rotkleefeldern. Die ersten Blätter der Bäume hatten sich bereits zu verfärben begonnen.

Wir fuhren auf holprigen Handelsstraßen über Leipzig, Altenburg und Zwickau nach Niederbayern. Wälder und Felder, Städte und Dörfer zogen an mir vorüber. Zuerst sah ich Fachwerkhäuser, dann Häuser aus Stein – und alles sah so anders aus als in meiner Heimat. Plötzlich knallte es und unsere Kutsche kam zum Stehen. Die Pferde scheuten.

„Was ist los?“, fragte ich verunsichert.

„Eines unserer Wagenräder ist gebrochen!“, rief Sinowitz.

Ich seufzte. Musste das ausgerechnet auf diesem dunklen Weg am Waldesrand passieren? Ich steckte meinen Kopf aus dem Fenster und beobachtete Piotr, wie er das Wagenrad mit Teer bestrich. Plötzlich sah ich, wie Pferde in angsteinflößender Geschwindigkeit näherkamen. Ich kniff meine Augen zusammen und erblickte drei Reiter mit dunklen Hüten und langen Bärten. „Wach auf!“, schrie ich Christine an.

Abb. 10: Landschaft in Thüringen ©Anna Link

Von unseren Rittern war weit und breit nichts zu sehen. Sie hatten nicht mitbekommen, dass wir anhalten mussten.

„Was ist denn?“, fragte sie erschrocken.

„Ich glaube, wir werden überfallen!“, rief ich. Wieder steckte ich meinen Kopf aus dem Fenster. Auf der Brust der Reiter prangten rote Sterne, an ihren groben Stiefeln glänzten goldene Sporen und in ihren Gürteln steckten Dolche. Ihre Kleidung war löchrig. Die Reiter bedrohten Monawitt.

Eine Hofdame stürzte auf uns zu. „Bleibt in der Kutsche! Bewegt euch nicht!“, rief sie atemlos. „Die Männer fordern unser Gold!“

Das Blut gefror mir in den Adern. Margaretha fasste Christine und mich an der Hand. Ich hörte, wie einer der Räuber mit bedrohlicher Stimme sprach. Kurz darauf zückte er den Dolch und sprang auf Monawitt zu.

Georg

Am Vorabend der Hochzeit tauchte die Abendsonne den Turnierplatz in orangefarbenes Licht. Die Schatten der Birken zauberten ein geheimnisvolles Muster auf den Sand.

Unruhig rutschte ich im Sattel meines Schimmels hin und her. Ich fühlte, wie mir der Schweiß den Nacken herunterrann. Gott sei Dank trug ich keine Rüstung, sonst wäre mir noch heißer gewesen!

Mein Herausforderer, Ludwig von Westerstetten, saß auf seinem Rappen und schwenkte seinen Spieß. Seine Rüstung glänzte in der Sonne, die Pfauenfedern an seinem Helm wiegten sich im Wind. Früher hatten wir gemeinsam Baum-

Abb. 11: Der Räuber © Anna Link

häuser in den Isarauen gebaut, jetzt sollten wir beim Rennen über die Planken gegeneinander antreten. Der Zweikampf sollte gleich beginnen. Mein Herz raste vor Aufregung. „Gott im Himmel, lass' mich den Kampf gewinnen und unverletzt davonkommen, damit ich Jadwiga morgen zum Altar führen kann!", betete ich.

Mit den Worten „So rennet an, in Gottes Nam'!" gab der Turniervogt das Startsignal. Ich gab meinem Pferd die Sporen und richtete meine scharfkantige Lanze auf meinen Jugendgefährten. Ludwigs Pferd preschte in meine Richtung. Aus seinem Maul flog weißer Schaum. Ich sah Ludwig immer näherkommen. Blitzschnell legte ich meine Lanze quer. Ein lautes Krachen erfüllte die Luft. In seiner schweren Rüstung kippte Ludwig nach hinten. Es schien, als hätte er den Halt im Sattel verloren. Durch die Zuschauermenge ging ein Raunen. Doch ehe ich mich's versah, machte Ludwig kehrt und ritt erneut auf mich zu. Auch ich machte eine Kehrtwende. Wie flexibel ich doch ohne Rüstung war! Mit festem Griff umklammerte ich meine Lanze und zielte direkt auf meinen Gegner. Ich hatte es geschafft! Ich hatte Ludwig aus dem Sattel gestoßen!

„Himmel Landshut! Tausend Landshut!", schallte es von der Tribüne.

Ich klopfte meinem Pferd den Hals und ritt zu meinem Fechtmeister. „Georg, das war eine großartige Leistung! Du hast bewiesen, dass du ein ganzer Ritter bist, tugendhaft und mutig!", rief er begeistert und stolz.

Ich hoffte, die Nachricht von meinem Sieg im Zweikampf würde Jadwiga schnellstens überbracht werden.

Jadwiga

Es schien, als stünde die Zeit still. Wie würde Monawitt reagieren? Da zog er sein Schwert und der Zweikampf begann. Der Räuber stach auf Monawitt ein und verfehlte nur knapp seinen Hals. Geschickt sprang Monawitt zur Seite und ging erneut zum Angriff über. Er traf den Räuber am Unterarm, das Blut spritzte nach allen Seiten und sein Dolch fiel zu Boden. Er schrie vor Schmerz. Die beiden anderen Räuber sprangen herbei. Doch bevor sie auf Monawitt losgehen konnten, eilten Männer aus unserem Gefolge hinzu und brachten die Räuber zu Fall.

„Jadwiga, ich bin so unendlich froh, dass uns nichts passiert ist!“, rief Christine und schlang ihre Arme um meinen Hals. Langsam fiel die Angst von uns ab. Auch Margaretha seufzte erleichtert.

„Was passiert nun mit den Räubern?“, fragte ich einen der Gefolgsmänner, der neben unserer Kutsche stand.

„Sie werden in die nächste Stadt überführt und dort dem Richter übergeben“, antwortete er.

Gott sei Dank war die Sache gut für uns ausgegangen und Monawitt nichts zugestoßen. Nicht auszumalen, wäre ihm etwas passiert. Ich nahm mir vor, Monawitt so bald wie möglich meinen Dank auszusprechen.

Georg

„Georg, ich muss Euch in einer wichtigen Angelegenheit sprechen.“ Mein Hofmarschall war aufgewühlt. „Ulrich, einer unserer besten Ritter, ist erkrankt. Er kann nicht am Ringelstechen teilnehmen!"

Das hatte gerade noch gefehlt. In wenigen Stunden würde ich Jadwiga zum ersten Mal sehen. Es war unser großer Tag, der Tag, an dem ich ihr mein Jawort geben würde. Das Ringelstechen war eines der wichtigsten Spektakel der Hochzeit.

„Wer soll Ritter Ulrich ersetzen?", mein Hofmarschall sah mich ratlos an.

„Wie wäre es mit meinem Freund Hans? Ich weiß, dass er ein begnadeter Ringelstecher ist!", entgegnete ich.

Doch mein Hofmarschall schien wenig begeistert. „Herr, erlaubt mir diese Bemerkung, aber er ist Handwerker und kein Ritter!"

„Es ist ein Notfall. Und wer sagt denn, dass Handwerker keine guten Turnierreiter sein können? Wir müssen nur den Turniervogt überzeugen. Hans wird sich freuen!", beschloss ich.

Mein Hofmarschall nickte stumm.

Jadwiga

Ich rieb mir den Schlaf aus den Augen. Die Morgensonne schien und am Himmel zogen Elstern ihre Bahnen. Der Schrecken des Raubüberfalls steckte mir noch in den Knochen. Auf einen Schlag fiel es mir wieder ein: Heute sollte meine Hochzeit sein! Beunruhigt sah ich zu Christine hinüber.

„Jadwiga, du bist wach! Sieh mal, die zwei Türme des Münsters zu Moosburg! Gleich sind wir in Landshut!", rief sie aufgeregt.

Die Pferde hatten auf unserer Reise gute Arbeit geleistet. Wir hatten etwas länger als zwei Monate bis nach Landshut gebraucht.

Meine Aufregung wuchs, je näher wir meiner neuen Heimat kamen. Unruhig rutschte ich auf meinem Sitz umher. Margaretha schlief tief und fest und Christines und meine Aufregung schienen sie nicht zu beeindrucken. Ich beneidete sie um ihre Gelassenheit.

Lautes Trommeln ließ mich zusammenzucken. Neben der Kutsche sah ich stattliche Edelleute. Sie trugen lange braune Samtumhänge und goldene Gürtel. Ihre Füße steckten in diamantbesetzten Schnabelschuhen. Auf ihren Schilden waren drei blaue Helme zu sehen. „Welche Bedeutung haben diese Helme?", fragte ich Margaretha.

„Das ist das Wahrzeichen Landshuts!", erklärte sie mir. „Sieh mal, Jadwiga, es sind schon fast alle Fürsten versammelt, die zur Hochzeit geladen sind!"

Auch ich staunte über die vielen prächtig geschmückten Ritter und Pferde.

„Hier sind Bischöfe!", rief Christine begeistert. „Sie tragen Helme!"

„Das sind Mitren", verbesserte Margaretha. „Die Bischöfe sind aus Bamberg, Eichstätt, Augsburg, Freising und Passau angereist. Nur für dich und Georg, Jadwiga!", fügte sie hinzu.

Die Kutsche kam zum Stehen. Herzog Otto von Neumarkt forderte mich auf, auszusteigen, und bat mich, mich auf meinem Ehrenplatz auf der Festwiese niederzulassen. Vor mir lag ein großer Turnierplatz, der von Zuschauertribünen gesäumt war. Alle Bänke waren bis auf den letzten Platz besetzt. Lautes Klatschen war zu vernehmen.

„Heute Vormittag findet ein Turnier zu deinen Ehren statt, Jadwiga. Ritter aus ganz Bayern werden sich im Zweikampf messen“, erklärte mir Margaretha.

Gemeinsam mit Sinowitz und meinen Hofdamen begleitete sie mich zu meinem Platz an der Stirnseite des Turnierplatzes. Die beiden setzten sich neben mich. Mir war mulmig zumute.

Nachdem mich die Ritter ehrerbietig gegrüßt hatten, begann das Turnier. Während Sinowitz, Christine und Margaretha dem Geschehen gebannt folgten, dachte ich an Georg und daran, wie gerne ich das gestrige Bräutigamrennen gesehen hätte. Ein Bote hatte uns von Georgs glorreichem Sieg und seinem großen Mut berichtet. Doch bis ich ihn endlich sehen würde, musste ich mich wohl oder übel noch etwas gedulden.

Georg

Ich legte mir meinen braunen Samtumhang um, schloss den Gürtel, hängte mir mein goldenes Amulett um und setzte meinen Hut auf. Ich war sehr in Eile. Mein Hofmarschall hatte mich aufgehalten und mir berichtet, dass Hans am Ringelstechen teilnehmen werde. Ich dachte an die Feierlichkeiten, die hoffentlich wie geplant vonstatten gehen würden. Ob die Speisen und Getränke für Gäste und Bürger ausreichten? Neben dem Turnierplatz hatte mein Vater Schänken

Abb. 12: Das Münster zu Moosburg © Anna Link

und Ochsenbratereien errichten lassen, damit auch für das Wohl der Ritter gesorgt war.

Mein Rappe stand festlich geschmückt und gesattelt im Burghof. Ich schwang mich auf mein Pferd und ritt vor die Tore der Stadt, wo meine Braut auf mich wartete. Heute sollte ich ihr zum ersten Mal begegnen. Ob sie so schön war, wie man mir berichtet hatte? Mein Herz schlug mir bis zum Hals.

Jadwiga

„Sieh mal, Georgs Burg!“, rief Christine aufgeregt.

Aus der Kutsche sah ich, wie die Burgfenster im Sonnenlicht funkelten. Dicke Mauern umgaben das Anwesen. Eines der Türmchen erinnerte mich an meine Heimatburg.

„Gleich wirst du deinem künftigen Ehemann begegnen“, sagte Margaretha. „Gleich sind wir vor den Toren der Stadt. Auf der Wiesmahd wird dich der Kaiser in Empfang nehmen“, fügte sie hinzu.

„Komm, Jadwiga, mach’ dich hübsch! Du brauchst noch etwas Farbe im Gesicht!“ Sie kniff mir in die Wange.

„Dort ist Herzog Albrecht von München. Seine Reiter haben für dich ein Ehrenspalier gebildet!“ Sie konnte ihre Begeisterung nicht verbergen. Langsam fuhr ich mit meinem Gefolge unter den Lanzen hindurch.

„Welchen Einfluss hat Herzog Albrecht von München hierzulande?“, fragte ich Margaretha neugierig.

„Er ist Herzog von Bayern-München und ein Rivale deines Zukünftigen“, erwiderte Margaretha.

Mit einem Ruck kam die Kutsche zum Stehen.

„Das ist er!“, rief Margaretha begeistert.

„Wer? Georg?“ stammelte ich und krallte meine Finger in mein Kleid.

„Nein, Friedrich III., der Kaiser!“

Hinter dem Kaiser standen mehrere hundert berittene Edelmänner. Zitternd vor Aufregung stieg ich aus dem Wagen. Herzog Otto bot mir die Hand. Langsam schritt ich gemeinsam mit ihm auf den Kaiser zu. Kaum beim Kaiser angekommen, umarmte mich dieser. Anschließend reichte er mir die Hand. Markgraf Albrecht Achilles kam auf mich zu. In einer Sprache, die ich nicht verstand, hieß er mich im Namen des Kaisers und Herzog Ludwigs IX. in Landshut willkommen und betonte, die Ehe zwischen Georg und mir solle für Christenheit und Reich von Nutzen sein. Glücklicherweise wurde die Rede für mich übersetzt. „Auch Herzog Georg ist es eine Ehre,“ fuhr Albrecht Achilles weiter fort, „Prinzessin Jadwiga aus Polen und ihr Gefolge in der Stadt begrüßen zu dürfen. Er ist gerade auf dem Weg zu uns, er kann nicht mehr weit sein.“ Ich rang nach Luft und folgte dem Blick des Markgrafen. Meine Knie zitterten. Endlich durfte ich Georg sehen! Als sein Pferd vor uns zum Stehen kam, errötete ich. Dunkelbraune Locken fielen ihm ins Gesicht, auch seine Augen waren dunkelbraun. Er blickte mich warm und freundlich an. Bewundernd betrachtete ich ihn. Mein Dolmetscher übersetzte auch Georgs Worte.

„Seid gegrüßt, edle Jadwiga, Prinzessin von Polen!“ Mein Bräutigam nickte mir zu.

„Er ist wunderschön!“, dachte ich.

„Seid gegrüßt, edler Georg. Ich freue mich, in Landshut willkommen geheißen zu werden", entgegnete ich zaghaft.

Schon ergriff der Markgraf erneut das Wort. Ich hatte große Mühe, ihm zu folgen.

Georg

Mir stockte der Atem. Jadwiga war noch viel schöner, als man sie mir beschrieben hatte. Ihre blauen Augen strahlten, ihre blonden Haare glänzten, ihre Locken umspielten ihr zartes, blasses Gesicht, ihre sommersprossige Stupsnase rührte mich. Unter ihrem goldfarbenen Kleid zeichneten sich zarte Wölbungen ab. Es ärgerte mich, dass ich kein Polnisch konnte. Aber Jadwiga würde schon bald Deutsch lernen, dessen war ich mir sicher.

Jadwiga

„Komm, wir fahren weiter zur Kirche!", Margaretha drängte zum Aufbruch, während ich versuchte, einen weiteren Blick auf meinen Bräutigam zu erhaschen.

Wir setzten unsere Reise in Richtung Landshut fort. Wie wird meine Zukunft mit Georg aussehen? Werden wir Kinder haben? Wo werde ich leben? Auf der Burg zu Landshut? Ich war zutiefst verunsichert und verängstigt. Am liebsten wäre ich aus dem Wagen gesprungen und davongelaufen. Nur: wohin? Ich fasste an die Wagentür.

Abb. 13: Auf dem Weg zur Martinskirche © Anna Link

„Jadwiga, was machst du da?“, riss mich Christine aus meinen Gedanken. „Wir sind gleich da, du solltest besser sitzen bleiben und die Aussicht genießen!“

Erschrocken sah ich sie an. Konnte sie etwa Gedanken lesen? Ich blickte aus dem Fenster. Hunderte von Menschen säumten die Straßen. Fanfaren wurden geblasen und Trommeln geschlagen. Mit weißen Federn geschmückte Schimmel und Rappen mit goldenen Sätteln begleiteten uns, auf ihren Rücken Edelleute in blauen und gelben Gewändern. Manche trugen Rüstungen, andere hielten Fahnen mit blau-weißen Rauten empor. Auch Armbrustschützen mit bedrohlichen Waffen hatten sich uns angeschlossen, dicht gefolgt vom Kaiser sowie dem Markgraf von Brandenburg.

„Sieh nur, Jadwiga, wie viele Menschen gekommen sind, um dich zu begrüßen!“ Margaretha hob winkend die Hand.

Da sah ich Georg auf seinem edlen Rappen. Er ritt an unseren Wagen heran und blickte mich lächelnd an. Meine Hände zitterten und mein Herz raste.

Ein Männerchor zog an uns vorüber. Die Sänger trugen lange Pfähle, auf denen Buchskränzchen baumelten. Sie erinnerten mich an die böhmischen Minnesänger, die mich im letzten Sommer auf der Burg meines Vaters mit ihren Liedern erfreut hatten.

„Das sind die Reisigen, die gewappneten Dienstleute“, erklärte Margaretha. „Dort sind Marketenderinnen, die die Reisigen mit Essen und Trinken versorgen.“

Als wir in der Stadt ankamen, traute ich meinen Augen kaum. Überall standen Menschen in leuchtend bunten Kleidern. Sie jubelten und schrien „Hallooo!“, „Hallooo!“. Ich

Abb. 14: Die Reisigen © Anna Link

sah edle Frauen in samtenen Kleidern, ihre Häupter waren mit Haarkränzen geschmückt, sie winkten uns mit Buchskränzen. Über uns thronte die Burg. Was für ein Anblick! Wie es sein wird, dort oben zu stehen und den Blick über die Stadt schweifen zu lassen?

„Jadwiga, lächle doch etwas mehr. Nimm diese Rose und winke damit den Leuten zu!", ermahnte mich Margaretha.

Ich sah Gaukler, die akrobatische Kunststücke vorführten und Fahnenschwinger, die ihre Flaggen kunstvoll in Luft warfen. Was für ein Schauspiel! Und alles nur für mich, dachte ich und fühlte mich geschmeichelt.

Georg

Ich hob den Deckel eines riesigen Kochtopfs. Der Geruch von frisch gebratenem Fasan stieg mir in die Nase und ließ mir das Wasser im Munde zusammenlaufen.

Der Hofmarschall, der schon seit Jahren das Regiment über unsere herzogliche Küche führte, bestätigte mir, dass 150 Köche die Festspeisen zubereiteten.

„Lies mir bitte noch einmal die Liste der Speisen vor!", forderte ich ihn auf.

„Also", er räusperte sich, „es sind 333 Ochsen, 1130 ungarische Schafe, 285 Schweine, 625 halbjährige Schafe, 75 Wildsäue, 162 Hirsche, 1537 Lämmer, 490 Kälber, 12 000 Gänse, 62 000 Hühner, 194 045 Eier, 220 Zentner Schmalz, 5 Zentner Weinbeeren, 140 Zentner Rosinen, 286 Pfund Pfeffer, 205 Pfund Zimt, Käse, Fische und Krebse."

Abb. 15: Edeldamen mit Burg Trausnitz © Anna Link

„Das sollte für 20 000 Menschen reichen! Das Fest kann beginnen!“, sagte ich feierlich. Ich schritt in Richtung Altstadt und pfiff fröhlich vor mich hin. Jetzt musste es den Gästen nur noch schmecken!

Jadwiga

Das ist es also, das Münster von St. Martin, die Kirche, in der ich getraut werden sollte. Mir stockte der Atem.

Als ich aus der Kutsche stieg, ging ein Raunen durch die Zuschauermenge. Es herrschte Gedränge, denn jeder wollte mich sehen. Landshuter Edeldamen und Fürstinnen in prachtvollen Kleidern verneigten sich vor mir. Meine Hofdamen trieben mich zur Eile. Gemeinsam stiegen wir die Stufen zu einer Seitenkapelle empor. Als sich die Tür hinter uns schloss, wurde es schlagartig still. Nur das Rascheln meines goldenen Brautkleids aus Brokat war zu hören. Als Christine es mit goldenen Nadeln geschlossen hatte, die Schleppe befestigt war und meine Hofdamen mir die schwere, goldene Krone aufgesetzt hatten, war ich soweit. Nun konnte er kommen, der große Moment. Unsicher stand ich in der Seitenkapelle. Da klopfte es an der Tür, der Kaiser stand vor mir und bot mir seinen Arm. Die Orgel begann zu spielen, ich hakte mich unter, blickte noch einmal zu Christine und Margaretha und schritt in Richtung Altar.

Georg

Als die Orgel zu spielen begann, war es, als würde das Kirchenschiff von St. Martin in sich zusammenstürzen. Gleich würde ich Jadwiga vor dem Altar das Jawort geben. Ich zitterte vor Aufregung. Neben mir stand der Bischof von Salzburg, Bernhard von Rohr, mit goldenem Bischofsstab. Jetzt gab es kein Zurück mehr. Wo war Jadwiga? Ich spürte, wie die Gäste mich anblickten, unter ihnen, in der ersten Bank, mein Rivale Herzog Albrecht.

Da öffnete sich die schwere Kirchentür und ich sah den Kaiser und meine Braut auf mich zukommen. Die Gäste drehten sich nach Jadwiga um. Sie schwebte engelsgleich auf mich zu, ihr goldenes Kleid schimmerte im Licht der Kerzen. Sie war wunderschön, ich glaubte zu träumen. Sie wirkte so zerbrechlich, dass ich fürchtete, sie könne unter der Last der goldenen Krone zusammenbrechen. Doch sie schritt tapfer zum Altar und unsere Blicke trafen sich.

Jadwiga

Ich sah in hunderte erwartungsvolle Gesichter. Die vornehmsten Gäste der Pfalz, Württembergs, Sachsens, Bayerns und Brandenburgs hatten sich versammelt, um meiner Hochzeit beizuwohnen. Auch die Vertreter der Reichsstädte waren angereist. Die Orgel spielte so laut, dass die Kirchenwände bebten.

Ich zitterte, als ich am Arm des Kaisers durch den Mittelgang schritt. Vor dem Hochaltar bildeten festlich gekleidete Damen und Edelmänner ein Spalier. Als ich mit dem Kaiser hindurchschritt, schnürte es mir die Kehle zu. Mühsam rang ich nach Luft. Ich blickte nach oben. Über mir prangte ein riesiges Jesuskreuz.

Am Altar angekommen, nahm mich Georg in Empfang. Als ich in seine Augen sah, wurde ich ruhiger.

Der Bischof eröffnete die Zeremonie mit lauter Stimme. Mir kamen die Tränen. Voller Verzweiflung starrte ich auf das Jesuskreuz. Vielleicht war es Gottes Wille, dass ich Georgs Frau wurde.

„Wollt Ihr, Jadwiga, Prinzessin von Polen, Georg zum Mann nehmen, so antwortet mit Ja“, übersetzte mein Dolmetscher.

Mit fester Stimme sagte ich Ja. Georg lächelte.

Geschickt steckte er mir den goldenen Ring an, den ein Hofdiener auf einem samtenen Kissen gebracht hatte. Auch ich steckte Georg seinen Ring an. Für meine zitternden Hände schämte ich mich.

Als der Chor und der Organist das „Te deum laudemus“ anstimmten, kamen mir die Tränen. Ich dachte an meine Eltern, die nicht auf meiner Hochzeit sein konnten, und hatte Angst vor der ungewissen Zukunft.

Da setzte sich der Zug der Hochzeitsgäste in Bewegung. Fürsten und Edelleute begleiteten den Kaiser und mich mit Windlichtern zum Eingangsportal des Münsters.

Als wir durch das Kirchenportal ins Freie traten, wurden wir von Menschenmassen bejubelt und mit lauten Hallooo-Rufen empfangen.

„Jadwiga, was ist denn los?“, fragte Christine mich leise.

Schnell trocknete ich meine Tränen. „Ich vermisse meine Eltern“, flüsterte ich.

Abb. 16: Das Brautpaar: Jadwiga und Georg © Anna Link

Meine Hofdamen und Christine trieben mich zur Eile. „Jadwiga, wir müssen los! Wir fahren nun zum Rathaussaal. Dort findet heute Abend der Brauttanz mit dem Kaiser statt. Georg wird nachkommen!“

Taumelnd bestieg ich die Kutsche.

Georg

Warum ist Jadwiga so traurig? Ich war bedrückt.

Ich war glücklich während unserer Trauung. Jadwiga sah bezaubernd aus. Nur ihre Krone schüchterte mich ein. Sie führte mir vor Augen, dass sie eine Königstochter war und ich nur der Sohn eines Herzogs. Doch auch mein Reichtum war nicht zu verachten. Ich würde meine Vormachtstellung in Altbayern in den nächsten Jahren ausbauen und mein Reich vergrößern. Ich brannte darauf, Jadwiga von meinen Plänen zu erzählen. Doch erst einmal musste die Hochzeitsnacht stattfinden, erst dann waren wir rechtmäßig Mann und Frau.

Unruhig schritt ich im Rathaussaal auf und ab. Ich freute mich auf das Zusammensein mit Jadwiga. Doch gleichzeitig hatte ich Angst. War es die Angst vor dem Versagen? Die Angst, ihr als Ehemann nicht gerecht werden zu können?

„Der Kaiser wird heute Abend als Erster mit der Braut tanzen“, hörte ich meinen Hofmarschall sagen. „Er behauptet zwar, er sei zum Tanzen zu alt, er lässt es sich aber nicht nehmen, mit der Braut zu debütieren.“

„Er kann es offenbar nicht lassen, seine Macht zu demonstrieren“, ich schüttelte den Kopf. „Solange er nicht die

Hochzeitsnacht mit ihr verbringt!" Mein ironischer Unterton war nicht zu überhören.

Jadwiga

Als wir den Rathaussaal betraten, spürte ich, wie mich die Festgäste neugierig musterten. Die Landshuter Fürsten und Edeldamen saßen rings um die Tanzfläche. Der Boden des restlichen Saals war mit roten Samtläufern ausgelegt, an der Holzdecke hingen riesige Kronleuchter.

Die Musiker eröffneten das Festbankett, sie spielten auf Flöten, begleitet von Trompeten und Pauken. Die Melodie rührte mich. Ich nahm auf einem goldenen Stuhl vor dem Bankett Platz und wartete auf den Kaiser, der mit mir den Brauttanz eröffnen sollte.

Da ertönten feierliche Fanfaren, die den Auftritt des Kaisers ankündigten. Die Tür wurde geöffnet und begleitet von Fackelträgern schritt Friedrich III. in den Saal. Er verneigte sich vor mir und reichte mir die Hand. Unsicher erhob ich mich zum Tanz. Schwerfällig führte mich der Kaiser zur Tanzfläche und begann, sich mit mir im Takt der Musik zu bewegen.

Nachdem wir den Tanz beendet hatten, kam Georg auf mich zu. Nun sollte er mit mir tanzen. Mein Puls raste. Ich frage mich, ob er wohl ein guter Tänzer war. Die Musik setzte erneut ein und mein Bräutigam nahm meine Hand. Ein Raunen ging durch die Menge. Georg bewegte sich geschmeidig. Seine rechte Hand schmiegte sich an meinen Rücken und er wirbelte mich sanft durch den Saal. Dabei sah er mir in die Augen. Kaum hatte der Tanz begonnen, schon war er zu Ende. Von tosendem Beifall begleitet, nahmen wir auf unseren Stühlen Platz.

Da flüsterte mir eine meiner Brautjungfern zu: „Jadwiga, bald ist es soweit. Euer Brautlager ist vorbereitet!“ Mir blieb fast das Herz stehen. Die Hochzeitsnacht! Ich schluckte schwer. Ich fühlte mich in Georgs Gegenwart wohl. Warum also hatte ich so viel Angst vor dieser Nacht?

Da fasste mich eine meiner Hofdamen am Arm. „Jadwiga, Georg wird dich nun in euer Gemach führen!“, sagte sie.

Ich spürte, wie alle Farbe aus meinem Gesicht wich. Meine Knie zitterten. Georg bat um meine Hand. Er führte mich erhobenen Hauptes durch die Reihen der Gäste.

In unserem Beilager angekommen, blickte ich auf ein Meer aus Kerzen. Goldene Tücher zierten die Laken und Kissen und sogar die Zimmerdecke war damit geschmückt. Schwere Samtvorhänge verdunkelten die Fenster. Schüchtern blieb ich stehen. Ich wagte es nicht, Georg anzusehen. Auch er wirkte verunsichert. Er nestelte in seiner Hemdtasche und zog einen kleinen Edelstein hervor, der im Licht der Kerzen funkelte.

„Jadwiga, das ist für dich!“, sagte er in gebrochenem Polnisch.

Ich lächelte schüchtern und spürte, wie eine wohlige Wärme in mir aufstieg. Seine braunen Augen sahen mich so gütig an, dass ich beschloss, mir keine Sorgen mehr zu machen. Doch was würde als Nächstes geschehen? Sollte ich mich entkleiden?

Georg führte mich zum Bett und wies mich an, neben ihm Platz zu nehmen. Zärtlich strich er mir eine Haarsträhne aus dem Gesicht. Dann küsste er das Muttermal an meiner

Schläfe. Als ich seine Lippen auf meinen spürte, schloss ich die Augen. Sein Mund war warm und weich. Langsam bewegten sich Georgs Hände von meinem Nacken über die Schulterblätter auf meinen Rücken. Als er mein Kleid geöffnet hatte, wanderten seine Hände immer tiefer, bis er es mir schließlich auszog. Ich spürte, wie die Schamesröte in mir aufstieg. Georg sah mir in die Augen, und ich glaubte, eine Spur von Unsicherheit in seinem Gesicht zu erkennen. Ich fragte mich, wie oft er so etwas schon erlebt hatte. Ich saß vor ihm in meinem weißen Mieder und meinem Unterrock und atmete schwer. Georg betrachtete mich gebannt. Die Zeit schien stillzustehen und ich betete zu Gott, dass ich Georg gefallen möge.

Im nächsten Augenblick fielen wir in die seidenen Tiefen unseres Brautlagers, wo wir uns als Mann und Frau vereinigten.

Epilog

Der Vollzug des erstmaligen ehelichen Geschlechtsverkehrs erfolgte zur Zeit Jadwigas und Georgs im Beisein ausgewählter adliger Hochzeitsgäste (hier: Margaretha von Österreich, dem Markgraf Albrecht und seiner Gemahlin sowie Jadwigas Schwiegermutter Amalia). Dies entsprach den damaligen Gepflogenheiten und diente der Feststellung der Rechtmäßigkeit der Ehe. Aus heutiger Sicht ist dies unvorstellbar.

Nach dem ehelichen Beilager wurden Jadwiga und Georg noch am selben Abend mit einem 32-gängigen Festmahl empfangen. Dies bestand aus allerlei erlesenen Speisen wie Wildschweinbraten, Fisch, Fasan, Kaninchen und gekochtem Gemüse. Das Brautpaar nahm das Essen getrennt ein: Georg speiste zusammen mit den anderen männlichen Festgästen im Zollhaus. Jadwiga aß gemeinsam mit ihrer Schwiegermutter, Margaretha von Österreich, sowie vielen anderen weiblichen Gästen in ihrer Herberge, dem Zollhaus direkt gegenüber.

Am nächsten Morgen bekamen Jadwiga und Georg die Geschenke der Gäste überreicht. Der Kaiser erwies sich als äußerst geizig. Zunächst wollte er den beiden nichts schenken, doch nach langem Zureden einiger Adeliger übergab er Jadwiga und Georg schließlich eine Brosche, deren Wert er selbst auf tausend Gulden schätzte. Viele Gäste munkelten allerdings, dass sie nur halb so wertvoll war.

Georg lenkte sein Reich in den folgenden Jahren auf geschickte Weise und er verstand es, seine Einkünfte beständig zu vermehren. Niederbayern entwickelte sich zur Kornkammer Altbayerns und Burghausen zum Tor des Salzhandels aus Österreich. Aus diesem Grund erhielt er, wie schon sein Vater Ludwig und sein Großvater Heinrich, den Beinamen „der Reiche".

Nach dem Tod seines Vaters Ludwig im Jahr 1479 ließ Georg den Familienwohnsitz der Wittelsbacher in Burghausen zu einer beachtlichen Festung ausbauen, die unter anderem als Bollwerk gegen die Osmanen diente. Heutzutage gilt die Burganlage zu Burghausen als die größte Europas.

Während Herzog Georg in Landshut regierte, verbrachte Jadwiga die kommenden Jahre von der Hochzeit bis zu ihrem Lebensende in Burghausen. Dort brachte sie fünf Kinder zur Welt, von denen nur zwei überlebten.

Elisabeth (1480–1531) und Margarethe (1478–1502) wuchsen in der Obhut ihrer Mutter und des Hofstaats auf und genossen dort eine recht sorglose Kindheit. Sie feierten Tanzfeste, plantschten im Badehaus, machten Ausflüge und Spaziergänge in die nähere Umgebung. Auch ein Hofnarr und ein Hofzwerg sorgten für ihre Unterhaltung.

Die Ehe von Georg und Jadwiga war mit großer Wahrscheinlichkeit glücklicher als in vielen Quellen behauptet wird. Jadwiga war nicht nach Burghausen „verbannt" worden. Sie und ihre Kinder wurden von Georg häufig besucht und wenn er unterwegs war, sandte er seiner Familie regelmäßig erlesene Speisen wie Quitten und Wild sowie wertvolle Tücher.

Nach dem Tode Jadwigas im Jahre 1502 lebte Georg im Neuen Schloss in Ingolstadt. Er ließ die von seinem Vater gegründete Universität erweitern und förderte vor allem die Ausbildung junger Theologiestudenten. Die Universität war für die Landshuter Herzöge ein Prestigeobjekt, auch gegenüber dem Kaiser.

Als Georg im Jahr 1503 starb, bestattete man ihn ebenso wie seine Vorfahren im Landshuter Kloster Seligenthal.

Jadwiga wurde ihrem Willen enstprechend in der Klosterkirche von Raitenhaslach bei Burghausen beigesetzt.

Die Glanzzeit Landshuts endete mit dem Erbfolgekrieg. Da Jadwiga und Georg keine männlichen Nachkommen hatten, ging das Herzogtum Bayern-Landshut an die Linie Bayern-München über. Georg versuchte zwar, seine Tochter Elisabeth und ihren zukünftigen Ehemann, Pfalzgraf Ruprecht, als rechtmäßige Erben einzusetzen. Doch König Maximilian I., der sein eigenes Territorium erweitern wollte, beharrte auf dem Hausvertrag der Wittelsbacher, der vorsah, dass beim Aussterben einer Linie im Mannesstamm die andere Linie erben sollte. Daraufhin ließen Elisabeth und Ruprecht im Landshuter Erbfolgekrieg mit ihren Heerscharen Landshut und Burghausen besetzen.

Als das Territorium Altbayern nach einem Waffenstillstand neu aufgeteilt wurde, erhielt Maximilian I., der Sohn des Kaisers, die Gebiete Schwaben, Tirol und Oberösterreich. Albrecht von München wurden alle restlichen Besitzungen zugesprochen, den Söhnen Elisabeths und Ruprechts das neu gegründete Fürstentum Pfalz-Neuburg. Niederbayern als unabhängiges Staatsterritorium wurde aufgelöst und München zur neuen Hauptstadt Altbayerns erhoben. Auch die Universität von Ingolstadt-Landshut verlegte man nach München, wo sie bis heute ihren Sitz hat.

Auch wenn Landshut wohl aufgrund des Erbfolgekriegs heute nicht die Landeshauptstadt Bayerns ist, hat diese Stadt nichts von ihrer Schönheit eingebüßt.

Die „Landshuter Hochzeit" als eines der größten historischen Feste Europas wird noch heute alle vier Jahre von über zweitausend Bürgern der Stadt nachgespielt und von hunderttausenden Gästen aus aller Welt bewundert. Sie gilt als das größte historische Fest Deutschlands.

Personenverzeichnis

Historisch verbürgte Figuren

Jadwiga von Polen (1457– 1502): polnische Prinzessin; auch bekannt unter dem Namen „Hedwig von Polen"; Tochter von Kasimir IV., König von Polen; Braut von Georg dem Reichen; zu Beginn der Erzählung sechzehn, zum Zeitpunkt der Eheschließung achtzehn Jahre alt; nannte sich selbst nach ihrer Hochzeit „geborene Königin von Polen und Herzogin von Nieder- und Oberbayern"

Elisabeth von Habsburg (1437–1505): Tochter von Albrecht II., römisch-deutscher König und König von Ungarn, Kroatien und Böhmen; Ehefrau von Kasimir IV., Königin Polens und Großfürstin Litauens, Mutter der Braut Prinzessin Jadwiga von Polen, Ladislaus und elf weiteren Kindern; Cousine von Ludwig IX., genannt der Reiche

Kasimir IV. (1427–1492): König von Polen und Großfürst von Litauen; Vater der Braut Prinzessin Jadwiga von Polen

Ladislaus (1456–1516): Bruder von Prinzessin Jadwiga von Polen; König von Böhmen und Ungarn

Georg der Reiche (1455–1503): Sohn von Herzog Ludwig IX. von Bayern-Landshut und Herzogin Amalia; von 1479 bis zu seinem Tode Herzog von Bayern-Landshut; Bräutigam von Prinzessin Jadwiga von Polen; zum Zeitpunkt der Eheschließung zwanzig Jahre alt

Amalia von Sachsen (1436–1501): Prinzessin von Sachsen; durch Heirat mit Ludwig IX. dem Reichen Herzogin von Bayern-Landshut; Mutter des Bräutigams Georg der Reiche

Ludwig IX. der Reiche (1417–1479): von 1450 bis 1479 Herzog von Bayern-Landshut; Sohn von Margaretha von Österreich; Vater des Bräutigams Georg der Reiche; Vetter von Elisabeth von Habsburg

Margaretha von Österreich (1416–1486): Kurfürstin von Sachsen; Witwe von Friedrich II. dem Sanftmütigen, Kurfürst von Sachsen; Mutter von Amalia von Sachsen; Großmutter von Georg dem Reichen und Christine von Sachsen

Christine von Sachsen (1461–1521): sächsische Prinzessin; Tochter des Kurfürsten Ernst von Sachsen, Landgraf in Thüringen und Markgraf zu Meißen; spätere Königin von Dänemark, Norwegen und Schweden; zum Zeitpunkt der Eheschließung von Jadwiga und Georg vierzehn Jahre alt

Kaiser Friedrich III. (1415–1493): ab 1452 Kaiser des Heiligen Römischen Reiches Deutscher Nation

Otto von Neumarkt (1435–1499): Herzog aus der Pfalz; geleitet den Brautzug von Wittenberg nach Landshut

Albrecht Achilles von Brandenburg (1414–1486): als Albrecht I. Markgraf von Ansbach und Kulmbach; später als Albrecht III. Kurfürst von Brandenburg

Albert Monawitt: Anführer des Brautzugs

Sinowitz: Jadwigas Hofmeister; für Jadwigas Betreuung auf der Reise zuständig

Ludwig von Westerstetten: Jugendgefährte von Georg dem Reichen; Edelmann und Ritter

Fiktive Figuren

Aleksander: weit über die Landesgrenzen Polens hinaus bekannter Falkner

Piotr: Stallknecht und Vertrauter Jadwigas

Joanna: Jadwigas Amme

Hans: Jugendfreund von Georg dem Reichen; Waffenschmied

Jadwigas Reiseroute

Die Reise führte über schlecht ausgebaute Handelsstraßen. Die Städte wurden aufgrund der Pest zumeist umfahren. Insgesamt betrug die Reisezeit über zwei Monate.

Krakau (Polen): Beginn der Reise

→ Posen

→ Berlin

→ Wittenberg

→ Leipzig

→ Altenburg

→ Zwickau

→ Oelsnitz im Vogtland

→ Nürnberg

→ Ingolstadt

→ Moosburg

→ Eching

Landshut: Reiseziel

Worterklärungen

Amme, die: Frau, die ein Kind stillt und betreut, das nicht ihr leibliches ist

Beizjagd, die: Jagd auf lebendes Wild mithilfe eines abgerichteten Greifvogels, wie z. B. eines Habichts oder Falkens

Brokat, der: schwerer, gemusterter Seidenstoff mit eingewebten Gold- oder Silberfäden

Burgfried, der: Haupt- oder Wehrturm einer Burg

Buhurt, der: mittelalterliches Reiterkampfspiel mit streng festgelegtem Zeremoniell

Burgschanzl, das: Teil der Wallanlage von Burg Trausnitz, dortiger Aussichtspunkt

Dispens, die: Befreiung von kirchlichen Gesetzen durch den Papst; da sowohl Jadwiga durch ihre Mutter Elisabeth von Habsburg als auch ihr Bräutigam durch seine Großmutter Margaretha von Österreich mit dem österreichischen Herzogshaus verwandt waren, benötigte das Brautpaar zur Vermählung eine päpstliche Dispens

Fanfare, die: trompetenähnliches Blasinstrument, wobei die Töne ausschließlich mit dem Mundstück und ohne Ventildrücker erzeugt werden

Falkner, der: Jäger, der für die Zähmung, Pflege und die → *Beizjagd* zuständig ist; im Mittelalter Privileg des Adels

Gulden, der: Goldmünze; Zahlungsmittel im Mittelalter

Habicht, der: Greifvogel; wichtiges Jagdtier im Mittelalter bei der → *Beizjagd*; zu seinen Beutetieren zählen Hasen, Mäuse oder kleine Eulen

Harnisch, der: Ritterrüstung, bestehend aus Helm, Kragen, Brust, Armschiene, Handschuhen, Bauch- und Gesäßreifen und Beinzeug

Hermelin, das: kleines Raubtier aus der Familie der Marder; auch bekannt unter dem Namen „großes Wiesel"; aus dem weißen Winterfell wurden früher die Mäntel der Könige gefertigt

Hofmarschall, der: oberer Beamter für das Hauswesen eines herzoglichen oder fürstlichen Hofes

Hofmeister, der: Leiter der fürstlichen Hofhaltung

juncfrouwe: mittelhochdeutsche Bezeichnung für ein adeliges, unverheiratetes junges Mädchen

Kemenate, die: mit Kamin beheizbarer Raum für Familien der Burgherren

Ledergamasche, die: Beinschoner aus Leder

Marketenderin, die: Frau, die den Truppen im Krieg Lebens- und Genussmittel sowie Bedarfsgüter verkaufte

Met, der: Honigwein

Moriske, der: zum Christentum zwangskonvertierter, in Spanien sesshaft gewordener Maure

Münster, das: Kirche eines Klosters oder Stiftskirche, große Pfarrkirche, Hauptkirche einer Stadt

Page, der: Edelknabe; junger Adeliger im Dienste am Fürstenhof

Patrizier, der: vornehmer, wohlhabender Bürger im Mittelalter

Pest, die: hochansteckende Infektionskrankheit, die im Mittelalter Millionen von Menschenleben gefordert hat; auch „schwarzer Tod" genannt; ursprünglich Krankheit wild lebender Nagetiere, die durch den Rattenfloh auf den Menschen übertragen wird

Ringelstechen, das: Ritterspiel, bei dem der Reiter auf einem galoppierenden Pferd sitzend versucht, mit der Lanze einen Ring oder Kranz aufzuspießen und mitzuführen

Schnabelschuh, der: Schuh mit langer, nach oben gebogener Spitze

Turniervogt, der: Schiedsrichter eines Ritterturniers, der für den ordnungsgemäßen Ablauf des Turniers zuständig ist und am Ende den Sieger feststellt

Wagenmacher, der: Handwerker, der Wagen und Räder aus Holz fertigt

Wams, das: von Rittern unter der Rüstung getragenes Untergewand

Zither, die: Zupfinstrument, bei dem die Saiten über einen Resonanzkörper mit Schallloch in der Mitte gespannt sind

Quellenverzeichnis

Bartsch, Karl/de Boor, Helmut (Hrsg.): Das Nibelungenlied, Mittelhochdeutsch/Neuhochdeutsch, Reclam, Stuttgart 1997

Bauer, Thomas Alexander: Feiern unter den Augen der Chronisten, Die Quellentexte zur Landshuter Fürstenhochzeit von 1475, Herbert Utz, München 2008

Bayerisches Landesamt für Denkmalpflege: Baudenkmäler Landshut, online unter URL: http://geodaten.bayern.de/denkmal_static_data/externe_denkmalliste/pdf/denkmalliste_merge_261000.pdf [Abruf: 2017-03-10]

Böhling, Björn: Mittelalterliche Ritterturniere – Darstellung der Entwicklung des mittelalterlichen Turnierwesens im Hoch- und Spätmittelalter, GRIN, München 2002

Färber, Sigrid: Eine Stadt spielt Mittelalter, Geschichte der „Landshuter Hochzeit 1475" und ihre Aufführungen von 1903 bis 1975, Isar-Post, Landshut 1976

Goderbauer-Marchner, Gabriele/Hackl, Michael/Litvai, Peter/Vinçon, Christine/Stix, Helmut/Pöschl, Ernst: Landshuter Hochzeit 1475, Farbenprächtiges Mittelalter, Die Förderer, Landshut 2013

HRT-Marketing: Mittelalter-ABC, Das Nachschlagewerk im Internet rund ums Mittelalter, online unter URL: http://www.mittelalter-abc.de [Abruf: 2017-03-10]

Huppertz, Carina: „Ich würde lieber sterben", Flucht vor Zwangsheirat im Jemen, in: Süddeutsche Zeitung, 23.07.2013, online unter URL: http://www.sueddeutsche.de/panorama/flucht-vor-zwangsheirat-im-jemen-ich-wuerde-lieber-sterben-1.1728472 [Abruf: 2017-03-10]

Kühler, Michael: Landshut entdecken, 2. Aufl., Attenkofer, Straubing 2005

Lexer, Michael: Mittelhochdeutsches Taschenwörterbuch, 38. Aufl., Hirzel, Stuttgart 2001

Niehoff, Franz: Die Landshuter Hochzeit 1475, Verkörperung städtischer Geschichtskultur, in: Damals, Das Magazin für Geschichte, 42, 2010, 07, S. 64–65, online unter: http://www.damals.de/de/16/Verkoerperung-staedtischer-Geschichtskultur.html?issue=189291&aid=189410&cp=1&action=showDetails

Nöhbauer, Hans F.: Die Wittelsbacher, Eine europäische Dynastie – eine deutsche Chronik, Scherz, Bern/München 1979

Ricker, Julia: Herzog Georg der Reiche von Bayern-Landshut, Finanzgenie und edler Ritter, in: Monumente, Magazin für Denkmalkultur in Bayern, o. Jg., 2011, H. 2, online unter URL: http://www.monumente-online.de/

de/ausgaben/2011/2/finanzgenie-und-edler-ritter-.php#.WMKvCziO6BE [Abruf: 2017-03-10]

Stahleder, Erich: Landshuter Hochzeit 1475, Hornung, Ottobrunn-Riemerling 1984

Stauber, Richard/Tausche, Gerhard/Loibl, Richard: Niederbayerns Reiche Herzöge, Hefte zur Bayerischen Geschichte und Kultur, Band 38, Haus der Bayerischen Geschichte, Augsburg 2009

Störmer-Caysa, Uta (Hrsg.): Kudrun, Mittelhochdeutsch/Neuhochdeutsch, Reclam, Stuttgart 2010

Tausche, Gerhard/Ebermeier, Werner: Die Geschichte Landshuts, C.H. Beck, München 2003

Verzeichnis der Aquarelle von Anna Link

Auf der Reise (Umschlagmotiv)

(1) Zwischen Traum und Wirklichkeit 15

(2) Blick von der Burg auf St. Martin 19

(3) Aleksanders Habicht 23

(4) Burg Trausnitz 25

(5) Auf dem Weg zum Froschteich 31

(6) Brücke in ein neues Leben 41

(7) Landschaft in Polen 45

(8) Lindenhain 47

(9) Herberge im Wald 51

(10) Landschaft in Thüringen 55

(11) Der Räuber 57

(12) Das Münster zu Moosburg 63

(13) Auf dem Weg zur Martinskirche 67

(14) Die Reisigen 69

(15) Edeldamen mit Burg Trausnitz 71

(16) Das Brautpaar: Jadwiga und Georg 75

Annas Nachwort

An einem schönen Samstagnachmittag im Spätsommer 2016 erzählte mir meine Nichte Helena von ihrem Buchprojekt „Jadwiga und Georg", was mich als gebürtige Landshuterin neugierig machte. Ganz beiläufig ließ ich einfließen, dass ich gerade mit dem Aquarellmalen begonnen hatte, und es mir sehr viel Freude bereite.

Es kam, wie es kommen musste: Ich zeigte Helena meine Erstlingswerke. Sie war sehr angetan. Einige Landschaftsbilder brachte sie sofort mit Szenen aus dem Buch in Verbindung: Jadwigas Reise aus ihrer polnischen Heimat Krakau auf dem direkten Weg zu ihrer Hochzeit in Landshut.

Helenas Manuskript stimulierte mich und wir waren uns schnell einig: Der Text sollte mit meinen Bildern illustriert werden. Mit Elan machte ich mich an die Arbeit. Am Ende wurden es 16 Aquarelle für den Innenteil sowie das Umschlagmotiv.

Ein Traum ist somit für Tante und Nichte in Form eines gemeinsamen Buches Wirklichkeit geworden. Es war ein weiterer glücklicher Umstand, dass mein Mann, Helenas Onkel, sein halbes Leben als Buchhersteller im Verlag tätig war und als geschickter „Architekt" unser gemeinsames Projekt verwirklichte.

Dem familiären Dreamteam gesellte sich noch als weiteres kreatives Element Julia Schiller hinzu, Helenas Schwester. Ihr haben wir zu verdanken, dass in Windeseile die Website www.jadwiga-georg.de sowie ein Flyer entstanden. Wir hoffen, dass der Titel dadurch im Rahmen der begrenzten Möglichkeiten eines Selbstverlags seine optimale Verbreitung findet. Weitere Info: www.julia-schiller.com

Ein ganz besonderer Dank gilt meinem Lehrer Manfred Sieber. Ohne seine fachkundigen Hinweise und sein hilfreiches Buch „Abenteuer Aquarellmalen", wäre es nicht möglich gewesen, die notwendige Qualität in so kurzer Zeit herzustellen. Weitere Info: www.aquarellgalerie-sieber.de

Meiner Freundin Ute Dreves möchte ich für ihre stets treffenden, kunstkritischen Anmerkungen ebenfalls sehr herzlich danken.

Anna Link
im März 2017